PROYECCIÓN
ASTRAL

PROYECCIÓN ASTRAL

En las siguientes páginas encontrará una guía completa y clara para lograr la proyección astral. La proyección astral se considera como una técnica antigua de la experiencia extra corporal la cual es una facultad natural de la psiquis humana.

Escrito en un estilo fluido y de lectura fácil, este libro lleva al estudiante en forma moderada, y de manera detallada, a través de las etapas esenciales del crecimiento y desarrollo del potencial psíquico necesario para el logro de la proyección astral en conciencia plena.

Desde los pasos más elementales como los ejercicios de respiración, pasando hasta el esplendor de la aventura consciente en los mundos astrales, este libro está repleto de valiosa información y sensible orientación. Los autores demostrarán además los beneficios logrados a través de sus propias experiencias

Para todos los que han deseado un enfoque sano, profundo y honesto a la experiencia extracorporal, este libro será una adición vital al tema.

LOS AUTORES

Melita Denning y Osborne Phillips son autoridades internacionalmente reconocidas en temas de la *Nueva Era* en el mundo Occidental y exponentes vivientes de la tradición Ogdoadica. Esta escuela hermética basa su filosofía en el conocimiento y regeneración, y cuya influencia y resultados son históricamente fáciles de identificar durante los pasados mil años.

Los autores recibieron su entrenamiento esotérico en la orden mágica Aurum Solís, sociedad fundada en 1897 y activa hasta el presente. El 8 de julio de 1987, siendo directores de Aurum Solís, los autores se retiraron de la Orden; pero el 23 de junio de 1988, a solicitud unánime de los miembros, reasumieron funciones. Actualmente Melita Denning es Gran Maestro de la Orden y Osborne Phillips es Preceptor.

Durante años, Denning y Phillips han escrito muchos libros y grabado cassettes en estrecha colaboración con la Editorial Llewellyn.

Melita Denning murió en 1996.

CORRESPONDENCIA

Para contactar o escribir al autor, o si desea más información sobre este libro, envíe su correspondencia a Llewellyn Worldwide para ser remitida al autor. La casa editora y el autor agradecen su interés y comentarios en la lectura de este libro y sus beneficios obtenidos. Llewellyn Worldwide no garantiza que todas las cartas enviadas serán contestadas, pero si le aseguramos que serán remitidas al autor.

Favor escribir a:

Osborne Phillips

c / o Llewellyn Worldwide

P.O. Box 64383, Dept. K202-X

St. Paul, MN 55164-0383, U.S.A.

Incluya un sobre estampillado con su dirección y $US1.00 para cubrir costos de correo.
Fuera de los Estados Unidos incluya el cupón de correo internacional.

Experiencias
Extracorporales

PROYECCIÓN
ASTRAL

1998
Llewellyn Español
St. Paul, Minnesota 55164-0383
U.S.A.

Edición, diseño y coordinación general: Edgar Rojas
Diseño de portada: Lisa Novak
Editor colaborador: Maria Teresa Rojas
Traducción: Alberto Rodríguez, Edgar Rojas
Título original: *Practical Guide To Astral Projection*

primera edición
Primera Impresión, 1998

Librería del Congreso. Información sobre esta publicación.
Library of Congress Cataloging-in-Publication Data

Denning, Melita.
　[Practical guide to astral projection.　Spanish]
　Proyección astral　:　experiencias extracorporales / Denning & Phillips.
　　p.　cm.
　ISBN 1-56718-202-X
　1. Astral projection.　I. Phillips, Osborne.　II. Title.
BF1389.A7D4718　1997
133.9'5--dc21　　　　　　　　　　　　　　　　　　　　　　98-5619
　　　　　　　　　　　　　　　　　　　　　　　　　　　　CIP

Llewellyn Español
Una división de Llewellyn Worldwide, Ltd.
P.O. Box 64383, Dpto. 202-X
St. Paul, Minnesota 55164-0383 U.S.A.
www.llewellynespanol.com

para Sandra Weschcke,

quien ha sonreído en la salida y puesta del sol

CONTENIDO

I

EL ARTE DE VIVIR

— PERSPECTIVAS

En la Proyección astral, la mente es consciente de lo que sucede, pero desde una perspectiva diferente de la del cuerpo físico el cual permanece pasivo.

La proyección astral –experiencia extra corporal– es natural, y ocurre espontáneamente más a menudo de lo que usted cree. El objetivo de este libro es mostrar como hacerlo a voluntad, y bajo control, y así beneficiarse de los poderes especiales del cuerpo astral.

La Proyección astral le permite actuar de dos formas diferentes:

1- En relación con el mundo material:

    a- Viajar a cualquier lugar y experimentar sucesos del mundo material.

    b- Emprender obras especiales "a distancia" –tales como la curación sin estar presente–.

    c- Conocer y comunicarse con otros seres en estado extra corporal.

2- En relación con el mundo astral:

    a- Ver e investigar el "verdadero significado" de las cosas.

    b- Efectuar cambio, primero a nivel astral, y luego –como resultado– a nivel material: Mágico.

Nuestros pensamientos y sentimientos ocasionan cambios en el nivel material y efectos en lo astral, muy comúnmente de una manera negativa y fortuita; pero podemos trabajar de una manera positiva y contrarrestar tendencias negativas de esta clase, al funcionar extra corporalmente. Al hacer de la proyección astral una experiencia común, usted vivirá la vida más plena y efectiva: Con el aumento de conciencia, usted hará uso permanente de dos principios:

1- La mente puede influenciar el cuerpo para mejorar la salud.

2- La mente puede controlar el cuerpo en forma nueva y especial.

713-abelito

608-7996

La proyección astral crea la integración total personal:

1- La voluntad trabaja a través de la mente racional.

2- La mente racional que trabaja a través del cuerpo astral.

3- El cuerpo astral que trabaja a través del cuerpo físico: Ni la voluntad ni la mente trabajan sobre el cuerpo físico –sólo por medio de un vínculo astral o emocional–.

Los cambios en el nivel astral pueden ser afectados por la interacción del cuerpo astral con la mente racional y el cuerpo físico.

Los "centros de actividad" o Chakras, corresponden a ciertas partes del cuerpo físico y forman puertas entre los niveles de existencia. Estos centros son globos de energía conectados a la contraparte astral de la espina.

EL ARTE DE VIVIR

Este libro trata sobre la Proyección Astral, y es a menudo llamado –con más exactitud– *Experiencia Extracorporal*. Cada uno de estos términos explica la condición en la cual el cuerpo físico es pasivo, como si durmiera, mientras que la mente consciente percibe lo que sucede desde un punto de vista diferente del cuerpo físico. En este encontrará las respuestas de cómo lograr esa clase de experiencia a voluntad.

Quizás ya conoce a alguien que ha tenido tal experiencia, o usted mismo puede haberlo experimentado, sin saber exactamente cómo ocurrió. A veces los sueños confunden a aquellos que han vivido tal situación. Sin embargo, para mucha gente una definida experiencia extra corporal ha ocurrido espontánea y naturalmente.

La experiencia extra corporal sucede en forma natural.

Poder dejar su cuerpo físico a voluntad tiene grandes ventajas y abre toda clase de posibilidades interesantes y emocionantes para usted. En términos generales, hay dos clases de viaje astral.

La primera clase es fácil de lograr. Allí el individuo se moviliza a nivel terrenal, reconoce amigos y lleva a cabo acciones como la curación. Usted puede, en efecto, hacer cualquier cosa que le concierne. Puede disfrutar la salida del sol desde cumbres de montañas, puede caminar a través de la jungla sin temor a ser mordido por serpientes venenosas o caer en un pantano; o (porque usted no está limitado a las dimensiones de su cuerpo físico) puede mirar y participar en todas las maravillas de la naturaleza, si en realidad le interesan. Puede conocer otra gente que este fuera de su cuerpo y sostener conversaciones con ellos, ¡usted puede ir a cualquier parte que desee sin tener un rumbo fijo!.

Existe la otra clase de aventura en la cual usted viaja en el mundo astral que está más allá del material.

¿Tiene idea de lo que esto puede significar para usted?

Hay dos hechos más que nos gustaría establecer antes de seguir adelante. Uno de estos se entenderá mejor después de considerar la naturaleza de los diferentes "mundos" que describiremos en el transcurso de este primer capítulo. Por ahora, entre más "alto" sea el nivel desde el cual se ocasione este cambio, tanto mejor y más duraderos serán sus efectos en el mundo material.

El segundo hecho se refiere a lo natural que resulta de trabajar de esta manera basado en eventos que tienen lugar en el mundo material. Es tan natural que lo hacemos hasta cierto punto todo el tiempo, sin abandonar nuestros cuerpos. Por desgracia, al actuar de esta forma, generalmente lo hacemos con torpeza y sin mucha idea de lo que está sucediendo; y, como frecuentemente puede verse, hay un peligro que por pensar demasiado de la forma equivocada, podamos hacer que ocurra lo que estamos ansiosos de evitar.

Por suerte está en nuestro poder contrarrestar cualquier tendencia de esta clase saliendo de nuestros cuerpos y enfrentando el problema en un nivel donde podemos ver lo que estamos haciendo.

Observar la razón de las cosas puede tener un valor más grande que el hecho de poder alterarlas. Como resultado, a medida que se gana más experiencia, aprenderá a vivir su vida de tal manera que habrá cada vez menos cosas que necesite cambiar en otros niveles. Usted estará aprendiendo el Arte de Vivir en su máxima expresión

En escritos psicológicos se afirma que la psiquis humana –es decir, la parte no física de un ser humano– posee áreas "conscientes", "inconscientes" o "subconscientes" (según las teorías de cada escritor).

Desde nuestro punto de vista, el término "inconsciente" significa "sin conocimiento de la conciencia central", así como la función vital llamada "inconsciente" puede "conocer" muy bien lo que está sucediendo en su propio nivel. Por ejemplo, el proceso por el cual continuamos respirando al estar despiertos o dormidos, o el proceso por el cual las partes "inconscientes" de la psiquis continúan enviando mensajes simbólicos en los sueños a la "consciente" mente durmiente, hasta que ésta recuerda y logra entender.

La conciencia humana en su estado de vigilia está más o menos limitada a lo siguiente:

1- Conocimiento borroso de imágenes mentales e ideas abstractas en flujo continuo.

2- Estructuras deliberadas de pensamiento, en parte racional y en parte emotiva.

3- El conocimiento intermitente de información, pasando por los nervios hasta el cerebro y de allí surgiendo a la conciencia.

4- Conocimiento intermitente de las reacciones instintivas, que llegan a la conciencia como sensación física y/o emoción principalmente cuando el instinto es despertado y al mismo tiempo frustrado (por ej., cuando se siente hambre o enojo).

Esta serie continúa de experiencias basadas en condiciones mezcladas a nivel interior y exterior, elabora una convicción que la conciencia "es parte" del cuerpo físico, e incluso algunas veces la creencia que la conciencia es "una" con ese cuerpo. Vemos a través de los ojos físicos, y si los cerramos dejamos de ver; escuchamos a través de los oídos y si los tapamos, se amortiguará el sonido; un dolor en la mano o pie parece venir de esa dirección en que sabemos que está la mano o el pie, aunque al despertar del sueño podemos estar equivocados. Si queremos ver lo que está detrás de nosotros, giramos nuestra cabeza; si queremos ver algo en el cuarto contiguo, vamos físicamente y miramos. Pero suponga que usted no es una persona común y corriente. Suponga que usted es un bebé que quiere saber si su mamá está en el cuarto contiguo. Suponga que usted es un hombre primitivo que quiere saber que sucede de noche fuera de la cueva.

Usted quiere ir y mirar. Pero mover su cuerpo físico sería en un caso imposible, en el otro caso indeseable. Pero si quiere con intensidad ir a mirar, en cualquier caso usted puede hacerlo.

Los niños pequeños apartan fácilmente su conciencia de sus cuerpos físicos. Los prisioneros en cautiverio solitario algunas veces lo hacen también. Usted puede hacerlo; sólo ha olvidado cómo. Los medios modernos de transporte y comunicación le han ayudado a olvidar, y, lo peor de todo, le han dicho que es "imposible".

Nadie le ha dicho al bebé –todavía– que es imposible. El prisionero ya no se preocupa por el qué dirán, él sólo usa sus facultades naturales que no le pudieron quitar.

La conciencia total tiene dos formas de enterarse de algo fuera de si misma. Una de estas dos formas es la "intuición directa" que sólo pertenece al místico muy desarrollado (diferente de la "intuición" que la gente puede tener acerca de la enfermedad de un

MUNDO	NIVEL DE LA PSIQUIS	TERMINOS DE LO OCULTO	TERMINO CABALISTICO	TERMINO POPULAR
Divino & Espiritual	Mente superior inconsciente	Yo superior	Neshamah	Espíritu
Mental	Conciencia racional	Cuerpo mental o Noemasoma	Ruach	Alma
Astral { Superior	Conciencia emocional	Cuerpo astral		
Astral { Inferior	Mente inferior inconsciente & naturaleza instintiva	Astral total o cuerpo eterico	Nephesh	
Universo material		Organismo físico		Cuerpo

Astrosoma

DIAGRAMA 1

amigo o un desastre, pero esto no entra en nuestra presente investigación). La conciencia humana –y la experiencia "extra corporal"– es totalmente normal y funciona a través de un "vehículo" de alguna clase.

Ya sabemos como la conciencia trabaja por medio de los cinco sentidos (vista, oído, olfato, tacto, gusto) a través del sistema nervioso y el cerebro. ¿De qué otra manera puede trabajar? Para contestar esto, necesitamos saber que otro componente de la persona la conciencia podría utilizar como vehículo.

En este momento es interesante y útil introducir unas pocas palabras de la tradición mística y oculta del Cabalah. Esta sabiduría venerable tiene similitudes las investigaciones de la psicología moderna, mostrando un acuerdo exacto de hallazgos combinados con un contraste fructífero de enfoque y propósito. El diagrama a continuación expone los términos que estaremos usando en estas páginas con respecto a la psiquis. Muestra, por ejemplo, cómo el término popular "alma" abarca varios niveles y funciones muy diferentes de la psiquis. Una ventaja de usar términos "ocultos" es que nos ayudan a ser más precisos al decir lo que deseamos.

Como en todos los diagramas, hay puntos que crean confusión mientras aclara otros. Este error sería, para deducir de esta clasificación los componentes físicos y no físicos de un ser humano, que las partes identificadas llevan a cabo sus funciones especiales muy independientemente del otro. Esto no es cierto en ningún caso. La unión de todos estos componentes en el ser humano es el hecho más importante indicado en este gráfico, y, en verdad, tanto más libre y abierto el flujo de energías entre los varios niveles, mejor estará equipada una persona para la proyección astral así como también para otras aventuras de mente–cuerpo. Sabemos que pueden haber interacciones "negativas": La tensión no liberada de causas emocionales puede producir úlceras estomacales, mientras que, por otra parte, comer algo que trastorne al hígado puede bloquear temporalmente la imaginación creativa. Pero estos peligros pueden ser evitados, para lograr magníficas recompensas de la interacción de los niveles dentro de nuestro ser. Una intimidad con el Yo superior no es requerida para estos propósitos, pero da confianza que esté allí, y un saludable reconocimiento de la realidad de los altos valores espirituales, siempre ayudarán en el mantenimiento de nuestro balance en la vida. Puede ser una advertencia que nos permitirá poner en su sitio a las preocupaciones terrenales, y algunas veces, puede también transmitir una idea a la mente racional de que la regla del intelectualismo no tiene derecho a ser absoluta. Sin embargo, debajo del nivel del YO superior, la relación entre la mente racional, emocional e instintiva, y el cuerpo físico, necesita ser cultivada de modo que la comunicación entre ellos permanezca tan abierta como sea posible. Volveremos a este tema con algún argumento práctico en el capítulo 3.

Esta intercomunicación entre varios niveles de la vida dentro de usted, siempre ha sido reconocida por los ocultistas como poseedor de gran importancia, y hoy día, también, es el tema de abundante y valiosa investigación médica. Se está estableciendo científicamente cómo la mente puede devolverle al cuerpo la salud y puede mantenerlo saludable; y también cómo los niveles instintivos pueden ser entrenados por la mente racional para controlar el cuerpo físico de formas especiales y no acostumbradas, tales como son necesitadas por los astronautas en viajes espaciales, por ejemplo.

Habiendo enfatizado la necesidad de interacción entre las varias partes indicadas en nuestro diagrama, y el valor de promover e incrementar esa interacción, consideremos estas partes por separado.

El vehículo exterior de la conciencia humana es el cuerpo físico. Es parte del mundo material: Tiene peso, volumen y dimensiones. Está compuesto de los elementos del mundo material; respira la atmósfera del mundo material; se nutre del alimento material.

Si queremos crear expresiones exteriores de nuestras ideas, utilizaremos las manos, los músculos, los ojos y los oídos para interpretar el plan de la mente en términos materiales. La mente es "el artista", pero el cuerpo maneja herramientas y materiales para producir una pintura, una escultura, un libro o algo que sea parte del mundo material. Incluso una composición musical –la más "etérea" de las creaciones artísticas– está conformada de una secuencia de vibraciones atmosféricas producidas por instrumentos de madera y metal, en acuerdo con una compleja serie de líneas y puntos dibujados en un papel. Aún si nunca hubiéramos aprendido a leer o escribir, y utilizáramos canciones y las cantáramos improvisadamente, como los juglares de antaño, nuestras canciones estarían hechas de vibraciones de aire, causadas por los órganos vocales del cuerpo físico.

En otras palabras, si quiere crear algo en el mundo material, usted empleará algo del mundo material, y trabajará por medio de su cuerpo y sentidos materiales.

Ahora vamos a considerar el siguiente nivel de existencia, más allá de la frontera del mundo material. Aquí tenemos un vehículo "interior" de conciencia, el Nephesh, para darle su nombre cabalístico. Es el todo del área de la psiquis que se hace conocer a través de los instintos y emociones, formando un amplio vínculo entre el cuerpo físico y la mente racional. Como vehículo de la conciencia es a menudo llamado el Cuerpo Astral o Astrosoma; y de igual forma que el cuerpo físico es parte de, y funciona en, el mundo material, así mismo el cuerpo astral es parte de, y funciona en, el mundo astral.

No es fácil dar una corta descripción del mundo astral. De igual forma que el mundo material contiene un amplio rango de fenómenos, de materia tan densa como el plomo o granito hasta las delicadas vibraciones de ondas atmosféricas de sonido y color, así mismo el mundo astral tiene fuerzas casi físicas tales como fantasmas que pueden levantar y arrojar rocas, y también manifestaciones de belleza y ternura que la mayoría de la gente llamaría "espiritual". En efecto, los contrastes son tan grandes que el mundo astral se considera frecuentemente dividido en dos: El astral superior y el inferior.

Sin embargo, como todos los mundos hasta cierto punto fluyen el uno al otro, parece innecesario para nuestro propósito analizarlos como subdivisiones. El mundo astral es una región de gran poder y fascinación, inspirador y emocionante así como también hermoso y sorprendente. El viajero astral experimentado puede hacer cosas importantes allí como una alternativa además del mundo material (vea el capítulo 7, Aventuras en los Mundos Astrales).

Nuestros cuerpos astrales, que son parte de ese mundo, muestran un parecido y amplio contraste en sus diferentes partes. Aquí también podemos, si lo deseamos, distinguir entre el mundo inferior, el astral total o etérico, que encaja con el cuerpo físico, y los altos niveles emocionales que están estrechamente vinculados con el nivel mental de la psiquis. Sin embargo, todas estas funciones que pertenecen al cuerpo astral, pueden y deberían ser dirigidas (no perseguidas) por la mente racional, y son todas parte de su potencial astral personal.

El nivel mental de la psiquis es denominado Cuerpo mental, o Noemasoma; frecuentemente llamado el Forro mental porque es más fino –más delicado y penetrante– que el astrosoma. El noemasoma abarca todo aquello que en el sistema cabalístico es entendido por el Ruach: La mente racional, y la conciencia gobernante (que tiene conocimiento no sólo de la mente racional sino también, hasta cierto punto, de los factores sub–racionales de emoción, instinto y sensación corporal), y la función de toma de decisiones de la mente racional.

Usted puede haber probado en algún momento la interacción de estos diferentes niveles. Quizás al realizar alguna actividad normal, en una situación familiar, o de pronto cuando algún mensaje es trasmitido a su cerebro el cual tiene connotaciones de temor para usted: Tal vez el sonido de arma de fuego o un olor a quemado. O puede haber estado desarrollando una tarea difícil o no familiar, cuando surge una complicación imprevista: Al cruzar un abismo por un puente inseguro, de repente otro viajero ingresa al puente en el otro extremo. ¿Qué hace usted? Probablemente en cualquiera de estos casos, envía un mensaje rápido a su Yo instintivo: "¡Cuidado!" Y ¿por qué hace esto? Lo hace de modo que su cuerpo físico no sea llevado a ninguna acción torpe o inconsiderada por aquella parte inferior de su cuerpo astral que está involucrada con los nervios, glándulas y sangre del cuerpo físico. De tal manera el poder dirigido permanece con la mente racional, la cual formula los dictados de la voluntad. Este es un ejemplo directo y espontáneo de reafirmación y fortalecimiento de la interacción entre los niveles así como el establecimiento de su orden natura: La voluntad trabaja a través de la mente racional, la cual controla el cuerpo astral que actúa a través del cuerpo físico.

¿Por qué esperar una crisis alarmante para enterarse de esta interacción? Esto sucede todo el tiempo durante su vida. Más adelante (en el capítulo 3) se le instruirá con una práctica mágica para incrementar el flujo de energía a través de su personalidad, pero puede beneficiarse más fácil y rápidamente de esta práctica si presta atención a las actividades cotidianas que (aunque a un grado menor) ocasionan los mismos resultados.

Es una ley definitiva de la vida que resulta de esta estrecha interacción entre los niveles. Una manifestación física o astral en la personalidad a la cual se le da atención, se incrementará en calidad y cantidad. Hay unas pocas excepciones, como con cualquier ley (tratar de entrenar el sentido del olfato, por ejemplo) pero para la gran mayoría de los fenómenos tienen validez y es la razón básica de por qué se nos dice "la práctica hace al maestro".

Miremos otro ejemplo de la vida diaria. Suponiendo que sufre de alguna herida pequeña pero incómoda, como un tobillo torcido o un dedo cortado. La herida no causa dolor continuo, se puede olvidar la mayor parte del tiempo, pero en algún momento cuando trata de hacer algún movimiento acostumbrado esto le detiene con una repentina advertencia aguda de su presencia. ¿Cuál es su reacción inmediata?

Tal vez impulsivamente dirige el enojo, frustración o molestia a la parte afectada –"¡ese condenado dedo!"– en gran parte como si fuera un obstáculo inanimado en su camino. Podría no hacerse daño con esta acción, pero es una oportunidad perdida. El dedo o el tobillo, como estructura física, de ningún modo querían ser lastimados. Parte inconsciente de su nivel astral permitió que esto pasara. Esto en sí es una señal suficiente para que la mente racional se haga cargo de esa situación. ¿Qué resultaría de enviar, a través del nivel astral (por medio de la visualización, la emoción, la imaginación o del entusiasmo, etc.) un buen deseo, una bendición, una imagen de curación hacia el lugar de la herida? Si usted hace esto, no sólo estará haciendo algo realmente bueno a su cuerpo, si no que también logrará:

a- Practicar su voluntad por medio de la mente racional,

b- Practicar su mente racional a través delcuerpo astral, y

c- Practicar su cuerpo astral al trabajar positivamente con el cuerpo físico.

Esto es aconsejable para todos los niveles; colectiva y separadamente. Un hecho importante es que cada nivel de la personalidad tiene que trabajar a través del inmediatamente arriba o debajo de él.

Esto significa que de nada vale usar el "poder de la mente" sólo con el fin de ocasionar un cambio en el nivel material, ni siquiera en nuestro propio nivel material o físico. La gente que afirma que puede hacerlo, y que verdaderamente parecen hacerlo, por lo general tienen un impulso emocional fuerte (aún si es inconsciente) –es decir, astral– en apoyo de la supremacía de su voluntad. Pero, de una forma u otra, si la voluntad o el intelecto va a causar algún cambio en la condición del cuerpo físico sin usar medios físicos, entonces tiene que haber un vínculo astral.

Si queremos causar un cambio en el cuerpo astral, tiene que hacerse por medio de la mente racional, pero será generalmente más efectivo si el cuerpo físico está involucrado en el procedimiento, a fin de trabajar arriba del nivel astral así como también abajo de él.

¿Pueden los niveles físicos y astrales de alguna forma influir el nivel mental? Extraña, pero ciertamente, pueden. Vemos gente inteligente por todo el mundo produciendo argumentos lógicos para apoyar las más diversas opiniones en religión, política y moralidad. Si alguno de ellos cambia su actitud, no será porque su razonamiento resultó ser defectuoso, será a causa de un cambio en su enfoque emocional.

Volviendo al tema del cuerpo astral, podemos considerar que tan lejos puede ser imaginado como una exacta réplica del cuerpo físico. En un sentido es una réplica exacta y no hay daño al imaginarlo como tal (aunque como principio general deberíamos hacer bien imaginarlo siempre como una réplica joven, saludable y fuerte), pero una característica vital del cuerpo astral debe ser aquí señalada. Hay ciertos puntos en el cuerpo físico que tienen una afinidad evidente y especial no sólo con el nivel material. Un choque emocional puede actuar como un golpe físico en el plexus solar. El golpe o el choque emocional podría causar pérdida de conciencia: "Quedaron sentados de la emoción", se dice de la gente que ha recibido noticias sobrecogedoras, ya sean buenas o malas. Diferentes emociones pueden dejar a una persona de momento "muda" o "sofocada de emoción"; mientras que varios de los estados emocionales asociados con el corazón son de ningún modo metafóricos. Sabemos lo que significa cuando se dice que alguien es "afectuoso", "generoso", "de buen corazón". Decir que una persona ha sido "estimulada" (en Inglés encouraged) es usar una palabra del francés que significa "se le ha dado un nuevo corazón" (Francés coeur = "corazón").

Otro importante lugar de reunión de los niveles astrales y físicos involucra los órganos sexuales; el poder del estímulo físico o emocional para producir efectos tanto físicos como emocionales, es muy conocido y no necesita más explicación.

Hay también un centro adicional importante, en medio de la frente, entre los ojos, llamado algunas veces "el Tercer Ojo"; involucrado en el desarrollo místico superior de la psiquis, referido en el antiguo sistema chino de Tao como "la apertura de la Flor Dorada", y aún sin un completo desarrollo, es empleado espontáneamente "ver con los ojos de la mente". En el cuerpo físico, esto corresponde a la posición de la Glándula Pineal.

En cada uno de estos puntos que hemos mencionado hay un centro nervioso o centro glandular. Todos ellos, por lo tanto, incluso en el nivel físico, son considerados funciones vitales escenciales. Al involucrar la psiquis en sus niveles instintivos, emocionales o místicos, juegan un papel importante en el cuerpo astral.

Estas relaciones existen, y en verdad son muy importantes. Sin embargo, no son meras réplicas de los órganos físicos.

Correspondiendo a los puntos físicos que aquí han sido mencionados (y a otros puntos en el cuerpo físico también), hay ciertos "órganos" distintivos en el cuerpo astral, generalmente llamados Chakras o Lotos en sistemas Orientales ocultos, o "centros de actividad" en sistemas Occidentales. Como sus homólogos físicos, estos centros de actividad son *puertas* vitales entre los niveles de existencia.

Además de la práctica diaria, que hemos recomendado, de mantener abiertas las "líneas de comunicación" al "hablar" en forma amigable a su cuerpo astral

–e incluso a su cuerpo físico– hay una práctica mucho más poderosa y "especializada" que expondremos en el capítulo 3, con el propósito de fortalecer estos centros de actividad e incrementar el flujo de energía entre ellos. La razón por la cual esta práctica no es revelada en este momento, es porque usted logrará más beneficio al final que durante su entrenamiento, al entender mejor por qué lo está haciendo. Si usted lee estos primeros capítulos cuidadosamente, entenderá muy bien la razón de cada paso y, por lo tanto, podrá obtener mejores resultados.

Por ahora puede pensar en los centros de actividad simplemente como globos de energ'a que se manifiestan como luz blanca, y de unas dos pulgadas de diámetro.

Hay otros que ya hemos mencionado. Por ejemplo, el de la base de la espina empleado en el Oriente, no contemplado en nuestro trabajo. Hay uno en el empeine de cada pie que es importante en nuestra investigación, aunque por conveniencia generalmente imaginamos los dos centros del pie como uno y lo llamamos el "centro de la tierra". También hay un centro correspondiente en cada mano, importante en algunos trabajos mágicos pero no para propósitos relacionados con la Proyección Astral.

Estos globos de energía no "flotan" libremente en el cuerpo astral. Ellos están conectados con su similar astral de la espina y son el canal de energía más importante que tenemos.

En esta etapa, una pregunta peculiar puede ocurrírsele: De vez en cuando uno oye de apariciones que parecen ser auténticas, no siempre de "fantasmas" de gente que ha dejado este mundo, sino muy a menudo apariciones de gente que todavía vive en sus cuerpos terrenales. Algo como la aparición de un pariente cercano o un amigo que estuvo por alguna razón muy preocupado, que quería dar algún aviso o alguna noticia, o simplemente asegurarse de que todo estaba bien.

Tal figura puede verse en sueños, o –sólo durante un efímero instante– mientras la persona que lo ve esté despierta. Tal figura puede ser vista sólo débilmente, o durante un intervalo tan corto que no se podrían recordar detalles, sólo el reconocimiento que se vio. O puede ser visto muy clara y en detalle; pero nunca nadie ha registrado la visión de tal figura que muestra algo parecido a Chakras (la palabra significa "ruedas") o Lotos, o globos de energía en cualquier parte de la cara, cabeza o cuerpo. Cuando gente espiritualmente desarrollada es vista (algunas veces en su presencia física ordinaria) puede aparecer una luz alrededor de la cabeza o alrededor de toda la figura, o puede parecer que la luz proviene de manos o pies (algunas veces es interpretado por la mente racional como "joyas") pero, en ningún caso es vista una figura astral con verdaderos "Chakras" o centros de actividad.

Si estas son apariciones genuinas (y en algunos casos debemos decir que lo son), y si el cuerpo astral tiene estos centros o Chakras, (y realmente los tiene) entonces ¿por qué estos centros no aparecen claramente en estas apariciones? No deberíamos suponer que visualizamos "esferas de energía", pero si esperar que aparezcan allí.

¿Podría ser que estas apariciones son astrales?

Si, por supuesto lo son.

¿Podrían ser emitidas por las personas a quien se parecen (y que, tal vez, después admitan haber sentido emociones similares, aún si no supieran claramente que estaban haciendo algo)?

Si. Estas apariciones son emitidas conscientemente o de otra manera, por aquellas personas.

Entonces ¿Son los cuerpos astrales de esas personas?

No, no son exactamente eso.

El siguiente capítulo explicará más acerca del vehículo astral.

REPASO TEMPORAL

Acostúmbrese a dirigir mensajes de amor, buena voluntad y ánimo a su Yo instintivo y físico, especialmente cuando sufra dolor, enfermedad, estrés o fatiga. Asegúrese de que todos esos mensajes que usted envía son fuertes, razonables y positivos.

NOTAS

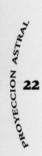

2

SU PROYECCIÓN ASTRAL

— PERSPECTIVAS

La conciencia humana, en su estado normal, tiene tres vehículos:

1-El cuerpo físico

2-El cuerpo astral o emocional

3-El cuerpo mental

En la proyección astral, parte del cuerpo astral (el "astral total") permanece con el cuerpo físico para mantenerlo funcionando, y parte de la substancia del cuerpo astral sigue adelante, con o sin la mente consciente.

Esta substancia astral puede ser expulsada del cuerpo astral de 4 formas diferentes:

1- Involuntariamente, y sin conciencia;

2- Involuntariamente, y con conciencia;

3- Voluntariamente, y sin conciencia;

4- Voluntariamente, y con conciencia.

La cuarta forma es la que se enseña en este libro. Los otros tipos se describirán. Para el tercer tipo se darán guías y usos especiales.

SU PROYECCIÓN ASTRAL

Ya hemos visto cómo la conciencia humana necesita un vehículo para tener conocimiento del mundo exterior.

También hemos visto que en la vida normal de los seres humanos (en este libro nos concierne sólo lo que es normal, no lo que es "supranormal" o dirigido a místicos altamente desarrollados) el medio por el cual la mente consciente se entera de lo que está fuera de sí misma, es su vehículo astral y al mismo tiempo (al menos en la vida diaria) por medio de su vehículo físico.

Sin embargo, el astrosoma está menos limitado. El astrosoma tiene sólo el conocimiento en su propio nivel, ya sea que la mente racional se entere de ello o no. La mente racional llega a tener, y frecuentemente pasa, un conocimiento tardío de algo que ya ha sido llevado a cabo en privado por el astrosoma con o sin colusión del cuerpo físico. Eso explica las situaciones cuando el astrosoma insiste en expresar una emoción que la mente racional no acepta. Esto resulta en situaciones risibles o molestas, según las circunstancias.

Con respecto al sueño, esta acción independiente del nivel astral está caracterizada por el recuerdo posterior de un sueño que contiene una cierta cantidad de material objetivo e intenso, pero sin evidencia más allá de una guía emocional –y quizás también, una mezcla cuasi–física con imágenes aparentemente fantásticas o simbólicas–. Esta evidencia de sueño indica que el astrosoma puede no sólo actuar independientemente del noemasoma sino también pueden tener experiencias extracorporales independientemente de él. Eso nos devuelve a la pregunta que dejamos al final del último capítulo: ¿Qué es lo que proyecta?

Lo que sale del cuerpo físico no es –no mientras dure la vida terrenal– todo el astrosoma, todo el cuerpo astral. Si todo el cuerpo astral es expulsado, eso representa la muerte: Como en algunos casos de súbito y extrema conmoción, (la explosión de una bomba) en el cual los cuerpos no han mostrado señal alguna de una causa física de muerte. Tal accidente no podría ocurrirle a una persona saludable al menos que haya sido causado por estas causas extremas. El cuerpo astral en su totalidad no se desprende del cuerpo físico durante la experiencia extra corporal: La mayoría del cuerpo astral permanece en su sitio para hacer latir al corazón, hacer funcionar el sistema nervioso y el cerebro. Esas funciones esenciales pueden algunas veces ser "desaceleradas" hasta el punto de atemorizar a un observador desinformado que ve al cuerpo inconsciente que continúa funcionando adecuadamente.

Una mujer que viajaba a través de Escocia tuvo un contratiempo con su carro que no pudo ser compuesto hasta el siguiente día. Como ya era tarde en la noche, caminó hasta una cabaña cercana para pedir refugio.

La cabaña estaba ocupada por una anciana y su hija. La mujer fue bienvenida con la condición de que si quería dormir, tendría que compartir la única cama que tenían. Teniendo poca elección, la mujer aceptó.

Durante la noche ella se despertó y encontró para su horror que la anciana que yacía junto a ella estaba fría, flácida, y parecía no respirar. Angustiada, rápidamente despertó a la hija: "creo que algo le pasó a su mamá". La joven se inclinó, y sin darle importancia contestó: "¡no, no! ¡ella debe estar paseando!"

A la mañana siguiente antes de que la invitada se despertara, la anciana había regresado de sus andanzas y preparaba el desayuno.

Lo que sale del cuerpo físico durante la proyección –voluntariamente o no– es parte de la sustancia del cuerpo astral.

La sustancia astral puede ser expulsada del astrosoma de una persona de cuatro formas diferentes:

a- Involuntariamente, y sin la conciencia racional. Esto puede tener varias consecuencias: El material puede retornar parcialmente, ocasionando sueños fuertes, desconcertantes e inconsecuentes y con frecuencia una sensación de estar "más cansado al despertar que al acostarse". (Un ejemplo más coherente se da en el Apéndice de este libro). El material puede producir extraños golpes "fantasmagó-ricos" en la habitación; o también perderse y causar un misterioso agotamiento. Las causas y cura del "sangrado astral" serán completa-mente explicados en el capítulo 3.

b- Involuntariamente, y con la conciencia racio-nal. Se podría escribir un libro con esta clase de ejemplos. Algunas personas tienen el hábi-to de "despertar" a la conciencia total, pero entran en un vehículo astral ya inconsciente-mente exteriorizado en lugar de entrar al que permanece en el cuerpo físico. Sin embargo, la mayoría de los ejemplos que uno oye son de experiencias durante enfermedades (tales como la fiebre), después de un impacto súbi-to (como caerse de un caballo), o mientras sufre anestesia total. La persona reporta haberse sentido completa, racional y normal, y generalmente sólo se ha hecho consciente de la situación por el reconocimiento de su cuerpo físico. Un ejemplo se da en el Apéndice.

c- Voluntariamente, y sin la conciencia racional. Esta es una técnica mágica especial en la cual el material es emitido deliberadamente para asimilar impresiones. Detalles completos de estas dos formas y usos de este procedimien-to serán dados en los capítulos 4 y 5.

d- Voluntariamente, y con la conciencia racio-nal. Esta es la principal actividad tratada en este libro.

El principal objetivo de esta lectura es explicarle y darle la información necesaria para:

–¡Utilizar su conciencia racional por completo para viajar a su voluntad en un vehículo de sustancia astral exteriorizada por usted para ese propósito!–.

El resto de la información que encontrará tiene como objetivo mostrarle con claridad que está haciendo, o por qué ciertos procedimientos son útiles, o cómo se puede obtener máximo beneficio de su nuevo conocimiento.

La explicación continúa.

La conciencia racional, en situaciones diarias y normales, actúa a través del astrosoma para acercarse a la conciencia sensorial del cerebro y así concentrar su conocimiento del mundo físico. El cerebro no es la inteligencia, es una computadora muy compleja y la mente racional depende hasta cierto grado de ésta para la elaboración confiable de datos; al menos, en algunos campos de la actividad. Por lo tanto una persona que no ha practicado la proyección astral por mucho tiempo puede tener la impresión de que sólo parte de su mente racional está funcionando mientras está fuera del cuerpo. La persona podrá experimentar sus viajes con claridad, apreciando la aventura, emoción y belleza, formando impresiones y juicios de cualquier entidad humana o no humana que pueda encontrar: Puede comprender que algunas de sus experiencias tienen significado espiritual; las cuales él interpretará de acuerdo con la extensión y el tipo de su propio desarrollo interior. Aunque, es posible que no pueda, hasta que regrese a su cuerpo, recordar algunos datos técnicos que piensa podrían ser útiles, o coordinar su experiencia astral con una experiencia terrenal de la misma clase que él sabe que una vez tuvo.

Sin embargo, esto no indica ninguna limitación en la propia capacidad de la mente mientras esté en un estado de proyección. Es un efecto temporal debido a la separación del banco de datos de su computadora en el cerebro. Muchos que empiezan a experimentar con la proyección astral puede que nunca sean molestados con este problema; pero los que sí, encontrarán que el problema desaparece por completo cuando el estado de proyección se vuelve, con la práctica, parte normal de la experiencia de la vida.

¿Puede recordar cuánto tiempo necesitó para aprender a utilizar su cuerpo físico cuando era un niño, y luego aprender a usar el cerebro? Si no recuerda nada, posiblemente ha observado otras personas durante el proceso de la niñez: Cayéndose mientras aprenden a caminar, luchando por sostener un lápiz, luego esforzandose para aprender simple aritmética.

Cualquier cosa que necesite aprender ahora será mucho más fácil debido a dos razones:

1- ¿Ha oído hablar sobre la "Inercia de la Materia"? ¡Su cuerpo astral es mucho más rápido y manejable que su cerebro físico!

2- Encontrará que, debido a la naturaleza del viaje y la aventura astral, muchas cosas que obstaculizan al cerebro y que parecen necesarias en la vida física serían totalmente inútiles en el astral (un ejemplo de esto se mencionó en el capítulo anterior –usted no necesitará mapas de rutas–).

Encontrará que a medida que se acostumbra más y más a la proyección, más de ese material será llevado en "efecto", a los niveles más profundos de la psiquis a fin de que estén disponibles para usted en el estado de proyección. Eso sucederá sin dolor y sin gran esfuerzo, como los niños en la escuela, pero es útil recordar a ese niño para no ser impaciente con usted mismo o esperar lograr hacerlo sin ninguna práctica.

Pero la práctica misma es divertida. Es como aprender una nueva actividad: La alegría de una repentina mejoría, un nuevo éxito en el camino. Como un deporte, la proyección astral también es lograda al desarrollar facultades que son las suyas.

Antes de iniciar en el verdadero entrenamiento que lo llevará hacia el logro de la experiencia extra corporal, es bueno asegurarse que no hayan preocupaciones persistentes al respecto. Además, cuando logre la proyección astral, quizás quiera compartir la experiencia con alguien (no es aconsejable hablar de ello de antemano, a no ser con alguien que ya puede hacerlo o está aprendiendo al mismo tiempo que usted). Probablemente la otra persona va a hacer algunas de estas preguntas. Aún cuando esté decidido a experimentar, es recomendable saber las respuestas y pensar en ellas del mismo modo que usted pueda ver como trabajan. Cuando tiene su propia experiencia astral, puede reforzar las respuestas a partir de eso, pero estas respuestas le darán un comienzo.

—**Pregunta 1.** ¿Qué pasaría si cuando se está fuera del cuerpo la persona se pierde u olvida como regresar?

No hay posibilidad que esto cause algún problema, porque usted no depende de la conciencia racional para ocuparse de ellos. Cuando se es un viajero astral experimentado sabrá como "ir voluntariamente a cualquier lugar, y su propio cuerpo es, por lo tanto, ese lugar. Hasta que logre experiencia en los viajes, encontrará que su único problema no es "como regresar" sino "como quedarse afuera"; usted estará propenso a regresar a su cuerpo físico con facilidad, a menudo cuando no hay razón externa en absoluto sino sólo una idea pasajera.

Además de esta tendencia –y en efecto, es una razón para esta tendencia– el vehículo astral que usted ha escogido no estará completamente libre del astrosoma que permanece en su cuerpo físico. Siempre hay un tenue "hilo" conductor de sustancia astral muy fina. Algunas veces esto es mencionado en libros de ocultismo como el "hilo de plata". Esa locución es tomada del Viejo Testamento, el Libro de Eclesiastés Capítulo 12, Verso 6, donde "el hilo de plata está roto" es dado como una metáfora para la muerte: Habiendo salido el astrosoma completa y finalmente del cuerpo físico, ya no hay ese vínculo conector. Sin embargo, ese concepto no deberá hacernos pensar en el hilo conector como algo pesado o voluminoso, incluso en términos astrales. Mucha gente ha desarrollado el viaje astral durante años sin enterarse alguna vez de que estaban en alguna forma conectados a su cuerpo físico durante ese tiempo. Si usted sabe que el "hilo" está allí, y lo busca cuando esté fuera del cuerpo, probablemente podrá verlo, y esto puede darle seguridad. Pero incluso si no lo ve, puede estar seguro que igualmente está funcionando efectivamente.

Dos cosas más acerca del "hilo". No sólo es un dispositivo de seguridad. Con la práctica, encontrará formas de halar "más fuerza" o "más conocimiento" –como llegue a necesitar– hacia su Yo consciente cuando esté fuera del cuerpo, a través del hilo. Y porque sólo es una fibra delicada de su propia sustancia astral, es simplemente reabsorbida a su regreso.

—**Pregunta 2.** Suponiendo que cuando usted está fuera del cuerpo pierde la noción del tiempo, y no intenta regresar durante meses o años. ¿Qué pasaría?

Sabemos que han habido casos raros –nada que ver con la proyección astral consciente y deseada– en los cuales una persona ha pasado del sueño normal a un estado cataléptico, que podría durar años. Esta gente nunca ha estado practicando alguna forma de ocultismo: Podemos decir eso confiadamente porque los doctores, que buscan con seriedad alguna causa demostrable de este raro suceso, con seguridad habrían recalcado mucho el hecho del entrenamiento de ocultismo, si hubiera habido alguno.

En los métodos que le estamos dando en este libro, hay abundancia de material para asegurar un saludable y abundante flujo de energía entre los varios niveles de su psiquis y su cuerpo físico, aún antes que usted empiece el trabajo directo en la proyección astral. Para una persona en un estado razonable de salud no hay peligro de un estado de catalepsia, anormal o dañino, se origine de cualquiera de las prácticas recomendadas.

En cuanto a "olvidar el tiempo", claro, esto sucede hasta cierto punto. Aquí de nuevo hay un dispositivo de seguridad que funciona automáticamente. En los estados astrales más cercanos a la conciencia terrenal (es decir, los estados a los cuales los inexperimentados estarán limitados hasta que estén listos para más progreso) hay un sentido definido del tiempo: En efecto, ésta es una de las formas en las cuales usted puede distinguir entre una experiencia astral y un simple sueño, porque en un sueño apenas hay un tiempo definido y verdadero del día o la noche. A medida que adquiere más experiencia, podrá ir a regiones más "atemporales", pero para entonces dominará perfectamente la situación de todos modos. En cualquier caso recuerde –el astral total, esa parte de su astrosoma que está en más cercano contacto con su cuerpo físico, está todavía allí cuando su conciencia está en otra parte– y está en el extremo físico del "hilo" conector. Cuando su cuerpo lo quiera de regreso, su astral total lo halará, ¡nunca tenga miedo!

—**Pregunta 3.** Usted ha mencionado que no hay peligro en la proyección astral para una persona en un estado razonable de salud. ¿Hay estados de salud en los cuales *definitivamente no* recomendaría a una persona intentar la proyección astral (la experiencia extra corporal)?

Si, los hay. Estas prácticas no deben intentarlas los que padecen de: Enfermedades del corazón, alta tensión arterial; cualquier seria aflicción de los nervios y del sistema circulatorio o respiratorio.

Sin embargo, las aflicciones menores muy a menudo parecen más bien mejoradas, no sólo por proyección sino también por prácticas preparatorias que se dan en este libro, simplemente porque estas prácticas tienden a elevar el "tono" físico general.

—Pregunta 4. ¿Qué sucede si –su mente consciente en su vehículo astral– es atacada por algo malo mientras se encuentra lejos de su cuerpo físico?

Sin duda el término "algo malo" puede ser aceptado en este contexto. Generalmente sentimos que algo que nos causa, sufrimiento, congoja o incomodidad es "malo", especialmente si no vemos ninguna razón para la agresión (cualquier clase de agresión). En cualquier caso –comparativamente raro y poco factible de ser atacados en el vehículo astral por una entidad astral– nadie se rinde. Uno es atacado: Uno se defiende.

¿Qué tan serios son estos combates astrales? Realmente parecen ser totalmente serios cuando suceden, y hay evidencia adecuada de que estos incidentes son verdaderos sucesos astrales y no pesadillas. Pero como ser humano encarnado tiene la enorme ventaja de que todos los niveles de existencia están abiertos para usted, de lo terrestre a lo divino. Practicamente usted puede escapar a otro mundo lejos de su atacante. Puede volver a lo físico, como Robert A. Monroe describe haberlo hecho en el capítulo "*Intelligent Animals*" en su libro *Journeys Out of the Body* (pág. 143), o usted puede forzar la lucha hasta un nivel astral superior como lo hizo evidentemente una escritora anónima en una de las historias en el libro

The Triumph of Light, libro IV de *The Magical Philosophy* (pág. 241). En general la técnica de ir más alto va a ser más recomendada, ya que tales entidades malintencionadas son, por naturaleza, de niveles inferiores; pueden ser por tanto arrojados y desanimados de llevar a cabo más ataques.

Como ve, si tiene aspiraciones de moderno caballero andante (o dama andante) todavía está la posibilidad de un roce ocasional con un "dragón" en lo astral. Pero nadie mata a nadie y es una aventura.

—Pregunta 5. ¿Qué pasaría si su cuerpo físico es turbado o molestado mientras su mente consciente está lejos de él?

Los peligros de esta situación han sido muy exagerados por unos pocos escritores. Recuerde: El astral total no abandona su cuerpo físico mientras su conciencia va a viajar; y a su vez es la parte profundamente instintiva de su psiquis. Es un buen perro guardián.

Si un ladrón entra a su casa, el astral total lo traerá de vuelta a su cuerpo tan rápido como podría despertarlo del sueño normal. Por otra parte, si alguien sin malas intenciones trata equivocadamente de despertarlo, quizás no logre hacerlo aún si su cuerpo es tomado de los hombros y sacudido. El astral total sabe que no se pretende lastimar. En cuanto a los peligros de choque en tales circunstancias, mientras el viajero no esté sufriendo de ninguna de las condiciones físicas dadas en la respuesta a la pregunta 3, estos peligros parecen ser imaginarios; o, en realidad, no son más grandes que los peligros de despertar de un sueño corriente para enfrentar al mismo perturbador.

Lo que realmente importa en el aprendizaje de la proyección astral, es asegurar como sea posible que *no* será molestado. ¡Nada es más difícil que formar su vehículo astral y exteriorizar su conciencia en él, si está esperando a cada momento que alguien pueda entrar en su habitación!

—**Pregunta 6.** Si usted puede ir donde guste durante la experiencia extracorporal ¿Qué tal ir a las guarniciones militares y descubrir documentos super secretos? Si la gente puede hacer lo que usted afirma, ninguna de esas cosas puede estar realmente segura.

En realidad, ningún "secreto" en la tierra puede estar realmente seguro. Los emplazamientos militares y documentos secretos usualmente están seguros contra cualquier peligro material normal; y por otro lado, los peligros astrales resultan ser menos de lo que podría suponer.

Se puede ir a donde desee en el vehículo astral, pero no es lo mismo que poder ir a donde guste. El vehículo en el cual usted viaja es astral, y por lo tanto es gobernado por consideraciones emocionales, no intelectuales. Aún si logra ir a un lugar en el cual tiene sólo un interés intelectual, su mente todavía está pendiente de lo que está fuera de si misma: La mente tiene que trabajar a través de un vehículo de alguna clase, y de esta manera es dependiente de la cooperación de ese vehículo.

Cuando se está en el cuerpo físico, puede leer algo sin importancia, porque la computadora de su cerebro (la cual fue programada en su niñez) "lo revisará", cualquiera que sea el contenido; incluso aquí, su nivel astral (emocional) puede ser tan inútil que impide que recuerde lo que ha leído. Cuando está fuera del cuerpo físico, ni siquiera posee el mecanismo de computadora del cerebro para ayudarlo. Leer algo es muy difícil para la mayoría de los viajeros astrales: Leer algo que no tiene interés especial es virtualmente imposible. Lo mismo con los detalles topográficos de lugares visitados.

Por supuesto, hay gente de una clase diferente, los "vagabundos astrales" que pueden encontrarse casi en cualquier parte sin quererlo, pero no tienen que causar temor ya que ni saben ni se preocupan por lo que ven –"¡Cielos, soñé que estaba en un lugar como de ciencia ficción!"–.

Pero hay un lado serio en esta pregunta. Aún cuando el sujeto aparece sin atracción emocional para mucha gente, usted no puede suponer que no tiene atracción emocional para el resto de la raza humana.

Quizás muchos políticos, si tuvieran la libertad de viajar a voluntad en lo astral durante una enfermedad corporal, volarían a un lugar en donde desearían pasar las vacaciones: Cielo azul, hermosos paisajes y su pasatiempo favorito. Un famoso e indiscutible caso de proyección astral se refiere a un miembro Británico del Parlamento, el doctor Mark MacDonell, quien no sólo fue visto y reconocido en la Cámara de los Comunes dos veces mientras su cuerpo yacía desvalido en cama, sino también participó en una votación importante, registrando su voto de la manera deseada.

En cuanto a leer documentos secretos, han habido casos admitidos de estudiantes que viajan astralmente y ven las preguntas en la hoja de examen que iban a contestar al día siguiente.

No toda la hoja ni las preguntas completas, pero si partes muy importantes de las preguntas. Muy importantes para aquellos estudiantes, pero sin trascendencia para el resto de nosotros.

De modo que el viajero astral puede, si así lo desea, pasar a través de puertas bajo llave. Tal vez aquellas hojas de exámenes estaban sobre la mesa y, una vez se atravesaron las puertas, fueron claramente visibles.

Este es otro ejemplo desde el reino del "verdadero soñar" Esta historia se refiere a uno de los pioneros de la paleontología en el Siglo XIX. Este hombre ocupaba todo su tiempo investigando los inicios de este planeta por medio del estudio de fósiles y rocas, en un tiempo cuando los científicos sabían muy poco y no disponían del equipo técnico con el cual trabajar. Un día estaba trabajando en un pedazo de roca del cual, en un lado, habían sido removidas capas que mostraban la cabeza de un pez fósil.

Su interés era inmenso. La cabeza mostraba que era una clase de pez muy diferente a cualquier otra antes descubierta. Su intención era pulir más la roca para revelar el fósil por completo. Pero ¿cómo podría hacer esto sin temor de dañar parte de la importante reliquia, cuando no tenía idea de su tamaño o forma?

Mientras más pensaba en la solución, siempre regresaba al mismo círculo de ideas: Tendría que romper la roca con cuidado para ver la apariencia del pez.

Parecía no haber solución, así que se fue a dormir pensando en el asunto. El soñó que había desgranado la roca, y vio como era el pez.

Cuando se despertó en la mañana, recordó los detalles del sueño, que había sido de alguna manera intenso. Así empezó a trabajar pensando en la imagen que había visto en el sueño. Esto le permitió desmenuzar la roca confiada y exitosamente: El fósil era justo como lo había soñado.

Sin importar si este es un buen ejemplo considerando que podrían haber varias posibilidades, sin el propósito en teorizar acerca de ellas aquí, es claro que nuestro científico logró el conocimiento deseado a través de niveles de conciencia diferentes del material, y lo alcanzó porque era un asunto de deseo intenso para él. El trabajo en el cual estaba comprometido no era sólo un "trabajo"; para él, era su vida.

En experiencias de ese tipo –"sueño verdadero" o inequívoca proyección astral– la gente logra sólo el conocimiento que les "atañe conocer", el cual es parte de su patrón de vida.

Si alguien tiene esa clase de deseo apasionado de conocer un secreto, hay evidencia de la posibilidad de poder descubrirlo astralmente.

Pero la gente que adopta la experiencia extra corporal por deleite, probablemente decidirá hacer otras cosas "cuando se abandona el cuerpo".

Repaso temporal

Recuerde dirigir mensajes de amor, buena voluntad y estímulo a su Yo instintivo y físico. Mientras se acostumbra a hacerlo, tendrá muchas ocasiones durante el día cuando puede enviar tal mensaje por medio de un rápido acto de voluntad, ¡en lugar de esperar hasta que su Yo inferior esté realmente acongojado!

¿Tiene preguntas diferentes sobre la proyección astral además de las ya contestadas en el capítulo 2? Si es así, escríbalas. Luego lea los capítulos 1 y 2 otra vez, para ver si esto le ayuda a encontrar respuestas. Si no es así, conserve sus preguntas, y formúlelas al final de cada capítulo después de haberlo leído.

NOTAS

3

EXPERIENCIA NATURAL

— PERSPECTIVAS

Preparación para la proyección:

1-¡Viva tan naturalmente como pueda!

   a- Consideraciones dietéticas –es importante mantener una dieta vegetariana y balanceada–.

   b- Lo que es bueno para el cuerpo físico es bueno para el ser psíquico y espiritual.

   c- La importancia del ejercicio físico.

2- Prácticas:

a- Tiempo y lugar: Seleccione un lugar donde pueda estar libre de perturbaciones, y úselo en un horario regular para todo su trabajo de proyección astral.

b- Establezca un "rito de aislamiento" como ayuda y protección.

c- Las localizaciones de los centros de actividad en relación al cuerpo.

d- Las posturas:

   - Vara o de pie

   - Tierra o acostado

   - Egipcia o sentado

e. La respiración rítmica.

3- *Fórmula uno* —energizar los seis centros de actividad—:

a- Postura de vara.

b- Respiración rítmica.

c- Visualización secuencial de los centros (y sus colores).

d- Disminución de la Luz.

e- Circulación de la Luz.

4- El plexo solar, el séptimo centro, como la *puerta* desde la cual se expulsa la sustancia astral con diferentes propósitos.

EXPERIENCIA NATURAL

Ahora usted va a tener un comienzo práctico sobre su verdadero trabajo para la proyección astral.

¿Cuánto tiempo le tomará lograr llevarlo a cabo? –¿Semanas, meses o años?– ¿O usted se sentirá "como un pato en el agua" tan pronto como sepa todo?

Podrá comprobar la experiencia extra corporal más pronto de lo que se imagina. Y todo lo que haga le ayudará a vivir una vida más saludable, feliz, y mejor. Recuerde: ¡La experiencia extracorporal —proyección astral— es natural!

Por lo tanto, mientras usted está aprendiendo a lograrlo, viva tan naturalmente como sea posible. Y –no sólo para mantener la habilidad de proyectarse a su voluntad sino además para alcanzar beneficios en general– ¡siga viviendo tan naturalmente como sea posible por el resto de su vida!

¿Qué significa esto para usted?

Primero está la cuestión de la dieta.

Un examen de la evidencia sobre la proyección astral, muestra el deseo de una dieta abstemia.

Esto no quiere decir que deba aguantar hambre. Significa, no comer demasiado. Averigüe lo que necesita, en términos de verdadero alimento, y cíñase a él. En el Mundo Occidental, la mayoría de la gente hoy día come demasiado –¿y por qué? Con pocas excepciones, todos necesitamos gastar menos energía en la vida diaria en comparación con nuestros antepasados, de modo que ¿por qué la necesidad de comer más?– El problema comienza en los hábitos alimenticios modernos. La gente come "alimentos rápidos" con poco o ningún poder nutritivo, haciendo que el cuerpo demande una mayor cantidad.

Si come sólo buenos alimentos, necesitará menos. Comprométase a comer menos: Hay abundantes publicaciones que lo guían en la escogencia de buenos alimentos. Usted *no* necesita "azúcar para obtener energía" –es una carga inútil para el sistema– y usted *no* necesita "toda la proteína que puede ingerir". No podríamos vivir sin proteínas ciertamente, pero tampoco necesitamos toda la proteína que está disponible. Los niños en desarrollo la necesitan para construir cuerpos más grandes; pero usted, ¿quiere un cuerpo más grande?

Esto puede desconcertarlo un poco, porque en el primer capítulo de este libro usted leyó del beneficio de tener energía de libre flujo pasando fácilmente entre los diferentes niveles de su psiquis y cuerpo: Puede parecerle que comer más alimento le puede dar más de esa energía. No. La energía encerrada en capas de grasa no fluye con libertad, hay que hacer un esfuerzo doloroso para liberarla.

Si usted es, o puede ser, vegetariano, ¡está muy bién! Es parte de vivir como un ser humano natural. Francamente, el Hombre es de alguna forma una criatura "híbrida", con los dientes de un omnívoro (comedor de carne y de sustancias vegetales igualmente) y los intestinos de un herbívoro (vegetariano). Esto significa que nuestros dientes e igualmente nuestros intestinos están diseñados para hacer frente a los alimentos vegetales, ¡pero sólo nuestros dientes están diseñados para comer carne! De modo que desde el punto de vista del bienestar físico parece obviamente mejor ser amigo de nuestros intestinos y ser totalmente vegetariano (o principalmente, según nuestra posibilidad práctica de elección).

Usted no es un cuerpo y psiquis actuando en disociación. Usted es un individuo humano compuesto. Mantener su bienestar total requerirá de un esfuerzo tanto psíquico como espiritual. La información y las teorías demuestran este principio. Sin duda la gente puede citar unos pocos ejemplos de grandes místicos o taumaturgos que han sido "carnívoros" o que parecen según sus leyendas haberlo sido. Pero tomando el testimonio de todo el mundo, Oriente y Occidente, desde el tiempo de Pitágoras hasta nuestros días, la gran mayoría de visionarios –los que han subido a las alturas y los que han traído fuerza espiritual a la tierra– han sido vegetarianos.

Junto al tema de la dieta está el del ejercicio físico. Desde la antigüedad se ha observado que si los "psíquicos" y aquellos con mentes "superiores" presentan deficiencias físicas, es debido a la total inactividad del cuerpo –ellos tienden a mantener su actividad al nivel no material–.

Desafortunadamente esta irregularidad, si se lleva al extremo, puede derrotar su propósito inicial.

¡Haga circular esa energía!

Camine, nade, trote, trepe, haga ejercicios isométricos —o lo que guste— pero haga algo que necesite no sólo darle a su cuerpo una ración regular de movimiento activo, sino también darle su atención y estímulo. Esto es parte vital de la "interacción de los niveles" de los cuales ha leído ya en este libro.

En este capítulo se le guiará cómo circular energía desde el nivel más alto de la psiquis. Esta es una practica eficaz, pero puede hacerla aún más poderosa si la pone en práctica en las próximas 24 horas.

Ahora usted está listo para empezar las prácticas que van a llevarlo a la proyección astral: En estas prácticas su cuerpo físico participará, pero la acción principal tendrá lugar en su mente y en su cuerpo astral. Usted deberá tener cuidado al realizarlas.

¿Dónde va a hacerlas? ¿Y cuándo?

(*Deberán hacerse a la misma hora y en el mismo lugar que ha escogido para sus primeras experiencias astrales*, si eso es humanamente posible).

Para mucha gente, solo puede haber una respuesta realista "en mi alcoba, de noche".

Está bien.

Para otros, hacia el atardecer podría ser la única oportunidad que tienen de estar a solas por un par de horas. También, eso está bien.

Tal vez usted tiene una habitación especial de meditación, en la cual puede aislarse a cualquier hora.

¡Eso es lo ideal!

Sin embargo, sin importar donde esté, tres cosas deberán ser definitivas:

1- Mientras aprende, usted siempre deberá hacer sus prácticas establecidas en el mismo lugar.

2- Siempre, si es posible, deberá practicar a la misma hora todos los días (o noches).

3- Deberá estar seguro de no ser molestado.

Cualquiera que sea el lugar destinado para esta actividad, y ya sea o no que tenga que ser usado para otros propósitos, será ideal si desarrolla un rito de "aislamiento" en esta área. Tal vez algo del sentimiento de "aislamiento" o "bendito" puede influir en las otras actividades llevadas a cabo en ese lugar, esto no puede hacer daño ¿no es cierto? Lo importante es que esa influencia especial estará allí para darle al lugar un carácter de paz y seguridad. No importa que tan breve sea el rito. Todo saldrá bien si:

- Lo conserva simple
- Sólo usa signos o palabras en las cuales realmente cree

¿Qué clase de cosas puede hacer?

Puede imaginar que una clase de blancura luminosa sale del extremo del dedo más largo en su mano derecha (mano izquierda si es zurdo). Eso no es "hacer creer", porque usted puede emitir energía astral de esa forma y para esta clase de propósito, cuando quiera. Así puede "marcar en derredor" el límite de su área escogida. Júntelas con cuidado.

Habiendo hecho esto (y "viendo" la línea si puede, o de todos modos mentalmente sabiendo que está allí) diga –fuerte si es posible– algo como: "Aquí entrarán solamente los Poderes de la Luz, porque aspiro a la Luz". Hacia cada uno de los lados del área, trace en el aire una cruz o una estrella, o cualquier signo que le signifique protección. Si no siente que tiene un signo semejante, trace un segundo límite protector en el aire, sobre el primero y redondee en la otra dirección. Una esa línea con cuidado también.

En circunstancias normales, hacer esta clase de rito una vez, antes de que empiece a usar el área para sus prácticas de proyección, deberá ser suficiente.

Ahora, empiece su aventura dentro del área determinada.

En el primer capítulo de este libro, encontró una breve información sobre las Chakras, o centros de actividad –con notas particulares sobre los seis principales centros que son usados en el moderno trabajo Occidental sobre desarrollo personal–. Sería bueno leer de nuevo ese pasaje antes de continuar.

A continuación se presenta una lista de las posiciones físicas que corresponden a los seis centros de actividad, pero en orden diferente de la forma en que fueron dados en el primer capítulo. Aquí están en orden descendente:

- **La corona**
- **La ceja**
- **La garganta**
- **El corazón**
- **El sexo**
- **La tierra**

Ya se ha mencionado que estos centros son imaginados como esferas de energía, cada uno de aproximadamente dos pulgadas de diámetro. Ahora, se les pueden dar más precisión. Mientras tanto, *cada centro de actividad deberá ser visualizado como un globo de luz blanca de unas dos pulgadas horizontalmente*, en las siguientes posiciones en el plano vertical central del cuerpo:

- **La corona:** Una pequeña distancia sobre la coronilla de la cabeza, que no descansa sobre ella.

- **La ceja:** En medio de la frente y como si estuviera la mitad dentro de la cabeza y la mitad afuera.

- **La garganta:** Completamente afuera, justo en frente del cartílago de la tiroides.

- **El corazón:** En medio del pecho, como si estuviera la mitad dentro y la mitad afuera.

- **El sexo:** En la región genital como si estuviera la mitad dentro del cuerpo y la mitad afuera.

- **La tierra:** Los pies son colocados con sus bordes interiores cerca o casi tocándose. Este centro es visualizado como si estuviera la mitad debajo de la superficie del suelo y la mitad por encima ligeramente interpenetrando los pies cerca de la la región de los empeines.

No intente visualizar lo anterior simultáneamente antes de empezar la práctica.

Las posturas

Tres posturas son usadas para las técnicas y prácticas en este libro. En cada caso, se le dirá cual adoptar:

—La postura de vara: La postura de vara: Esta es una postura vertical, de pie pero no rígida; la cabeza es sostenida erecta mirando derecho hacía adelante. Los hombros están "caídos hacía atrás" para dar una postura balanceada y cómoda, los brazos cuelgan relajados a los lados. Los pies están paralelos, sus bordes interiores se tocan o casi se tocan.

—La posición de tierra: La posición "supina", tendido sobre la espalda. Si la espina está muy arqueada en la región lumbar, las rodillas pueden estar ligeramente dobladas para contrarrestar esto; la cabeza también está inclinada ligeramente hacia el pecho para dar a la parte posterior de la cabeza más estabilidad. Los brazos son extendidos a los lados, las piernas son colocadas juntas en completa relajación.

Los pies caen naturalmente hacia afuera, pero bajo una conciencia normal de vigilia un ligero grado de tensión es generalmente mantenido para evitar la posible incomodidad creada.

—La posición egipcia: Como en las antiguas estatuas, esta postura sentada tiene la espina verticalmente balanceada, las palmas de las manos descansan sobre las rodillas o muslos como sea más cómodo, los muslos horizontales y tocándose, las piernas inferiores verticales y los pies lado a lado colocados uniformemente sobre el suelo. El principal secreto de desarrollar esta postura exitosamente, es proveerse a

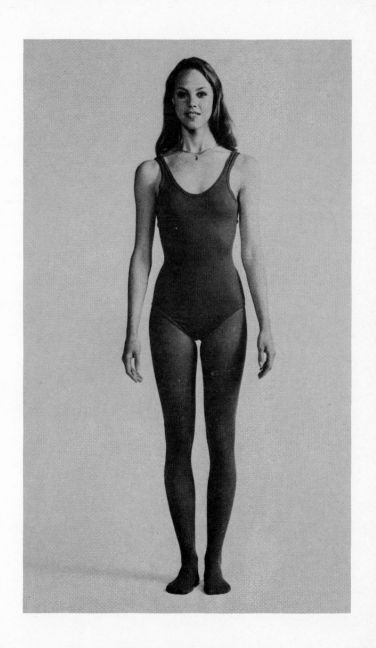

POSTURA DE VARA

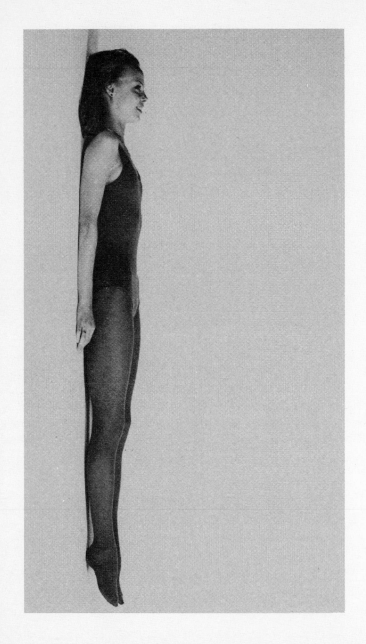

POSTURA DE TIERRA

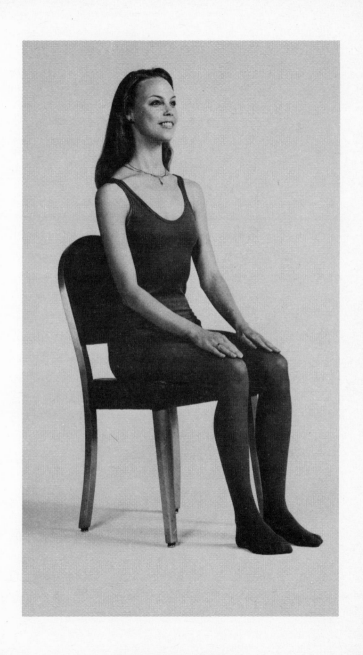

POSTURA EGIPCIA

sí mismo de una silla cómoda o banquillo de exactamente la altura correcta; si no se puede tener esto, un cojín de asiento o un taburete deberá ser usado para compenzar la diferencia. (Ver fotografías en las páginas siguientes).

Nota importante: Nunca, en ninguna práctica relacionada con la proyección, deberá ser adoptada ninguna postura que involucre piernas o brazos cruzados. Esta regla no puede tener excepciones.

Las posturas anteriores son tan simples que apenas requieren práctica, pero deberán ser tomadas en cuenta como referencia.

RESPIRACIÓN RÍTMICA

Aquí, por contraste, hay algo que puede practicar casi todo el tiempo. Hágalo en cualquier parte y a cualquier hora, de día o de noche. Empiécelo, luego continúelo mientras presta su atención a alguna otra ocupación; dese cuenta que usted está realizando la respiración rítmica después de media hora, por ejemplo. Vaya a dormir haciéndolo. No necesita ceñirse estrictamente a las tres posturas descritas, pero tenga su espina dorsal tan recta como sea posible, y no cruce los brazos ni piernas.

La respiración rítmica tiene muchos usos además de los indicados en este libro. Puede ayudar tanto en largos períodos de concentración mental como en la habilidad para desarrollar deportes.

Esta forma de respiración tiene valor tanto físico como psíquico. Puede calmar los nervios, aumentar la energía, y, como aprenderá aquí, puede ayudarle a dirigir energía. Esto, de nuevo, presenta muchas otras oportunidades para usted.

Practique la respiración rítmica hasta hasta que se habitúe y conviértala en una costumbre de por vida.

—Cómo hacerlo: Primero aleje cualquier aparato ruidoso de sus oídos. Luego adopte la postura egipcia (para su primera experiencia de respiración rítmica, es aconsejable ser estricto al respecto. Además de otras razones, se sentirá tan bien que querrá mantener esta posición cuando practique la respiración rítmica sentado, ya sea en el escritorio de su oficina, leyendo el periódico matutino, o donde sea. Esto es bueno para usted).

Luego, identifique y preste atención al latido de su corazón. Esto puede ser muy difícil de conseguir –usted quizás ha estado en forma deliberada ignorándolo durante muchos años– de modo que si tiene dificultad con ello, encuentre un pulso en su garganta, sienes o muñecas. Tan pronto como pueda rastrear el ritmo, empiece a contar los latidos.

Lo que está tratando de establecer es un patrón de respiración en el cual pueda cómodamente mantener sus pulmones llenos de aire durante un cierto número de latidos, luego expire dos veces ese número de latidos de modo que sus pulmones estén tan vacíos como usted pueda soportarlo con comodidad. Mantenga sus pulmones vacíos durante el número original de latidos, luego aspire durante el conteo del número doble, sus pulmones estarán bien expandidos al final. Para aclarar lo anterior, el siguiente diagrama puede ser tenido en cuenta en cada caso en particular uno de los cuales es seguro que adoptará:

INHALE Y NO RESPIRE DURANTE	EXHALE DURANTE	EXHALE Y NO RESPIRE DURANTE	INHALE DURANTE
2 latidos	4 latidos	2 latidos	2 latidos
3 latidos	6 latidos	3 latidos	3 latidos
4 latidos	8 latidos	4 latidos	4 latidos

DIAGRAMA 2

Con respecto a la proyección astral, no hay diferencia cual de estos patrones de respiración se pueda adoptar. ¡No se esfuerce después de las cifras más altas! Es cierto que con práctica puede encontrar que el patrón cambia naturalmente; por ejemplo puede empezar con 2 – 4 – 2 y encontrar después de un rato que su capacidad de respiración se ha incrementado de modo que ahora está más cómodo con 3 – 6 –3. Eso está bien, pero para propósitos de práctica debe mantener el ritmo de respiración: Hasta que usted pueda cómodamente mantener su respiración tanto "adentro" como "afuera" durante tres latidos, *no* deberá extender su tiempo de inhalación o exhalación más de seis latidos. Espere otra semana, y muy probablemente encontrará que puede hacer el ritmo 3 – 6 – 3 correcta y cómodamente.

La razón para este cuidado es que este ritmo de respiración bueno y seguro que está aprendiendo no es el único ritmo de respiración que tiene significado.

Desordenar el ritmo es como enviar mensajes al azar en clave Morse:

¡Su señal podría significar cualquier cosa! Así que mantenga sus experimentos dentro del campo del ritmo dado. Si su capacidad de respiración natural le da un patrón de 1–2–1 ó de 5–10–5, usted es excepcional.

Ahora podemos empezar a juntar estas técnicas y prácticas. En un trabajo científico de cualquier clase –en química, en física o matemáticas– cuando una cantidad de sustancias, ideas o procesos son puestos en la correcta secuencia para producir un resultado particular, la afirmación (en palabras o símbolos) que muestra esa secuencia es llamada fórmula. Lo que está por leer ahora es una fórmula. Es muy simple comparada con las dadas para el mismo propósito en otros libros, pero hay una buena razón para esto. Este libro es práctico, y el único material de pensamiento en él es el que necesita para dirigir con éxito su aventura hacia la proyección astral.

Esta fórmula por lo tanto ha sido despojada de todo lo que servía sólo para rotularla como pertenencia a esta o esa Escuela de Pensamiento y retiene únicamente su gran poder.

FÓRMULA UNO

Para energizar los seis centros de actividad. (Deberá desarrollarse en su area de proyección escogida).

Párese verticalmente en la postura de vara, establezca la respiración rítmica (hágalo hasta que se sienta a gusto).

En una "exhalación", visualice el centro de la corona como esfera de intensa blancura. (No se apresure; si al principio la presencia de la esfera de luz sobre su cabeza no es "real" y no le ilumina, continúe como si estuviera intensificando su brillo con varias respiraciones adicionales. Haga lo mismo cuando llegue a los otros centros. Obsérvelos tan claramente como sea posible: Se volverán más brillantes y más claramente definidos en futuras ocasiones).

En una "inhalación", dibuje hacia abajo una flecha de luz blanca desde el centro de la corona hasta la mitad de la frente.

En una "exhalación" visualice el centro de la ceja. (Distíngalo tan claro como sea posible –colocado según la descripción en la pág. 67– ¡continúe percibiendo el centro de la corona y la flecha conectora de luz! Conceda un tiempo razonable para la aplicación de esta fórmula).

En una "inhalación", dibuje hacia abajo una flecha de luz blanca desde el centro de la ceja hasta la mitad de la garganta.

En una "exhalación", visualice el centro de la garganta (ubique la colocación del centro en la pág. 67 y de nuevo continúe percibiendo el centro de la corona, el centro de la ceja y la flecha conectora de luz).

En una "inhalación", dibuje hacia abajo una flecha de luz blanca desde el centro de la garganta hasta la mitad del pecho.

En una "exhalación", visualice el centro del corazón. Mantenga su percepción en los centros anotados y en la flecha conectora de luz).

En una "inhalación", dibuje hacia abajo una flecha de luz blanca desde el centro del corazón hasta la región de los genitales.

En una "exhalación", visualice el centro del sexo. Perciba los centros hasta ahora mencionados –corona, ceja, garganta, corazón– y también la flecha conectora de luz).

En una "exhalación", dibuje hacia abajo una flecha de luz blanca desde el centro del sexo hasta el suelo entre los empeines.

En una "exhalación", visualice el centro de la tierra. (Deberá estar consciente de los seis centros, todas las esferas de luz blanca colocadas y conectados por una flecha brillante. Dibuje tres o cuatro respiraciones rítmicas mientras contempla estos centros, como parte de su ser interior, convertidos en gran resplandor por la luz que ha bajado desde el centro de la corona, que en sí es un símbolo y manifestación de su Yo superior...

... Deje que esa imagen se desvanezca a medida que dirige su conciencia hacía una nueva visualización. Desde el centro de la tierra, lleve hacia arriba nuevamente un chorro de luz blanca que asciende hasta su cabeza, se divide, y desciende hacia afuera de sus brazos. Pasando debajo de sus pies, las dos columnas se unen, para ascender de nuevo como antes. Así se crea una fuente contínua de dividir, reunir y circular luz. Mantenga esta última imagen sólo durante unas pocas respiraciones rítmicas completas, luego déjela desvanecerse lentamente. Después de cinco respiraciones rítmicas, todas las imágenes se habrán ido).

Deberá practicar exactamente esta fórmula a diario durante por lo menos dos semanas o más, si es necesario, sin tener que referirse al texto. Visualice los centros brillantes y definidos. La "circulación final de luz" es una parte esencial de la fórmula, y deberá ser incluida cada vez que se desarrolle.

Cuando esté satisfecho con su ejecución, podrán adicionarse más funciones. Usted puede visualizar los centros de actividad en color. Al llegar a este nivel, aún cuando haya logrado un estado de eficiencia en la formulación de la luz blanca sin demora, deberá dedicar varias respiraciones rítmicas a cada esfera para la formulación de luz de color.

Colores de los centros de actividad:

- **Centro de la corona:** Brillantez blanca, como magnesio quemándose
- **Centro de la ceja:** Gris color paloma, suave, tenue y brillante
- **Centro de garganta:** Violeta intenso, término medio y ondulante
- **Centro del corazón:** Amarillo de brillo intermitente
- **Centro del sexo:** Azul puro, resplandeciente y remolino rápido
- **Centro de la tierra:** Los siete colores prismáticos, girando relucientes con lentitud.

La flecha conectora de luz es siempre blanca y brillante; recuerde que el poder que desciende es de su centro de corona blanco y brillante, que lo une a su Yo superior.

Ya sea practicando con luz blanca o de color, siempre visualice los centros como esferas de aproximadamente dos pulgadas de diámetro; y en las posiciones dadas en la lista de la pág. 44.

La práctica de la fórmula uno, en luz blanca o de color, le conferirá muchos beneficios; cuando esté familiarizado con el ejercicio y sienta que no necesita hacerlo diariamente, *al menos* continúe tres veces por semana. Si se ha acostumbrado a practicar a diario, y quiere continuarla, será ideal para su bienestar general y para el progreso de su trabajo hacia la proyección astral.

Con el uso regular de esta fórmula logrará lo siguiente:

1- Un fortalecimiento de los centros de actividad, y la mutua comunicación entre ellos. Esto significa que cuando en realidad comience la proyección podrá obtener:

a- Un flujo inmediato de energía psíquica disponible a voluntad cuando desee formar su vehículo astral.

b- La interacción inmediata entre los niveles, para ambas acciones, como "tirar del hilo", reserva poder o conocimiento cuando está fuera del cuerpo, y para asimilar la experiencia de sus viajes astrales cuando haya retornado. Eso último es importante, porque sin tal interacción inmediata, aunque pueda recordar perfectamente sus aventuras astrales, el cerebro físico todavía puede luchar para rechazarlas como "irreales" y puede imponer algún grado de "conmoción" en su sistema nervioso (¡todo porque su cuerpo no tuvo su lugar acostumbrado en sus experiencias!).

2- Una forma de circular energía en su sistema psicofísico, de manera que cualquiera que no pueda ser utilizado en un nivel pueda ser redistribuido en los otros. Este es un buen método de salvaguardar contra el desorden conocido como "sangrado astral", mencionado en el Capítulo 2. Si hay razón para suponer que una persona puede estar sufriendo del sangrado astral, se recomienda la práctica de la fórmula uno en un régimen que también incluye alguna forma de ejercicio físico diario y una dieta frugal (las mismas condiciones deberán adoptarse para su entrenamiento de proyección astral).

La razón para esto yace en la causa del sangrado astral definido como un exceso de energía, a nivel astral, que no está bajo el control de la personalidad individual. Para prevenir o corregir esto, es importante evitar cualquier acumulación de energía en un nivel, o de sustancia astral o física, y circular energía a través de todos los niveles bajo la dirección de la voluntad. Al mismo tiempo, el régimen recomendado preservará la energía total del individuo para que no se desperdicie. Durante años los buenos resultados serán perceptibles en la salud, en la vitalidad mental y en el rejuvenecimiento en general.

Es imposible dentro del ámbito de este libro explicar todas las razones y beneficios, pero la forma de asegurarlos ha sido conocida por los sabios de

Oriente y Occidente durante muchos siglos, y puede ser comparada con vivir una vida natural en todos los niveles.

¡Tendrá momentos excitantes, la mejor aventura de su vida y la alegría de ser su *Yo* real en todos los mundos!

EL CENTRO DEL PLEXO SOLAR

Si usted ha estudiado los sistemas Orientales del desarrollo personal quizás tenga preguntas sobre el siguiente capítulo. ¿Por qué sólo seis centros de actividad? ¿Por qué excluir el centro del plexo solar de esta lista?

Primero, como hemos señalado, el número siete es, aunque tradicional en el Oriente, no representativo del número de centros o Chakras existentes. No podríamos usar todos los que hay. Los seis centros que están enumerados en este capítulo son aquellos cuya activación directa es esencial para el moderno desarrollo Occidental. Por lo tanto, los no listados serán indirectamente activados y el equilibrio general será mantenido.

La región del plexo solar, es decir, el abdomen superior, es, en el sistema que estamos exponiendo, la región desde la cual la sustancia es expulsada para varios propósitos, incluyendo el de hacer su "vehículo" para la proyección. Debido a que tiene este uso y actividad especial, activarlo por medio de la fórmula uno también podría causar desequilibrio entre los centros.

Repaso temporal

El presente capítulo requiere de un trabajo intenso. Inícielo prontamente pero tenga cuidado al planear donde sea necesario. Esta es su nueva vida.

—Revise su dieta una vez más. Cualquier cambio que haga, manténgalos dentro de su capacidad. ¡Siempre puede progresar más en una etapa posterior!

—El ejercicio: Después del ejercicio físico sentirá que sus poderes han sido probados, no agotados. Duerma suficiente pero no exagere. Y –recuerde– ¡conviértase en amigo de su Yo inferior!

—Su área de proyección. Escójala y "sepárela".

—Los centros de actividad: Memorícelos para que pueda localizarlos en relación con su cuerpo físico sin mirar el libro. ¡Tenga cuidado especial con los centros de la corona y la garganta!

—Las posturas: Asegúrese que las puede realizar. Las fotografías son una guía visual.

—Respiración rítmica: Practíquela como se describe en el texto.

—Fórmula uno. Esta es la base de todo su trabajo astral. Usted se beneficiará de acuerdo a la atención que pueda prestarle.

—Practique todos los pasos cuidadosamente y en el orden indicado.

Notas

4

VER Y CONOCER

— PERSPECTIVAS

Proyección de la sustancia astral:

1-¡Salude a su Yo inferior con una sonrisa!

2-¡Conviértase en un amigo confiable de su Yo inferior!

3-Técnica para expulsar la sustancia astral:

   a- El momento y el lugar visual para el trabajo de proyección astral.

   b-Use ropa suelta, una sola pieza, o ningún tipo de ropa.

   c- No ingiera alimento durante la hora anterior a la proyección.

d- Asuma la postura de vara.

e- Establezca la respiración rítmica.

f- Desarrolle la fórmula uno –para energizar los centros de actividad–.

g- Continúe la respiración rítmica.

h- Visualice la sustancia astral que es exteriorizada desde el centro del plexo solar como una nube difusa.

i- Convierta la sustancia en una esfera.

4- Devuelva la sustancia astral a la nube, luego reabsórbala a través del plexo solar. Desarrolle la fórmula uno.

5- Trabajo avanzado con una "figura clave":

a- Técnica para expulsar la sustancia astral (siga los pasos desde "a" hasta "I", arriba mencionados).

b- Como alternativa a la esfera, forme la sustancia astral exteriorizada en una figura humana, en la misma postura que usted está manteniendo, mirándose a si mismo, el plexo solar conectado al plexo solar por un hilo delgado de plata.

c- ¡No se identifique en este momento con la figura clave!

6- Fórmula dos – para enviar a un "observador":

a- Técnica para eyectar sustancia astral (como en el número 3, desde "a" hasta "h").

b- Forme la sustancia exteriorizada en una esfera o en la figura clave –preferiblemente utilice la esfera, al menos en su trabajo inicial–.

c- Gire esta forma, por ejemplo, el observador, hacia la dirección en la cual será enviada.

d- Envíe al observador a algún lugar o persona de los cuales usted desee saber; visualizándolo saliendo de su cuarto y desapareciendo.

e- ¡No repita la fórmula uno en esta etapa, pero ocúpese de sus tareas habituales hasta el momento fijado para llamar al observador!

f- A la hora predeterminada, entre a su área de trabajo, asuma la postura y restablezca la respiración rítmica.

g- Ahora desarrolle la fórmula uno –para energizar los centros de actividad–.

h- Continúe la respiración rítmica.

i- Mentalmente llame al observador, y visualícelo volviendo a su cuarto, tráigalo para que descanse a unos 8 pies (2 mts.) en frente de usted.

j- Disuelva al observador en la difusa nube gris plateada y luego reasimílelo (según el paso 4).

k- Asuma la postura egipcia.

l- Reestablezca la respiración rítmica.

m- Permita que las experiencias del observador se eleven a la conciencia.

n- Registre sus impresiones.

7- Precauciones sobre el uso de la fórmula del observador:

a- No use una forma de animal.

b- Siempre reasimile la sustancia exteriorizada.

c- Siempre predetermine cuándo el observador será llamando, y hágalo puntualmente.

d- Recuerde que las experiencias del observador se vuelven parte de la experiencia de su cuerpo astral.

e- No intente tal práctica durante el cuarto menguante de la luna, o cuando la Luna se haya completamente desvanecido.

f- Evite el período "improductivo" del año.

g- Desarrolle la fórmula uno todos los días –mañana y noche si puede–.

VER Y CONOCER

Ahora veamos hasta donde ha llegado.

Deberá haber practicado al menos dos semanas la fórmula uno, de modo que es razonablemente competente en la energización de los seis centros de actividad. Su destreza aumentará a medida que continúa empleando esta fórmula en relación con etapas adicionales de progreso en la proyección.

También se habrá acostumbrado a la respiración rítmica en las tres posturas, hasta el punto que empiece a cumplir su propósito, y en lugar de mantener la atención fija en su cuerpo físico, le ayudará a olvidarlo cuando sea necesario. No puede olvidar su cuerpo físico a menos que el cerebro y el sistema nervioso estén apacibles, y estén recibiendo un suministro suficiente de sangre oxigenada para el trabajo que se desarrolle.

Se sentirá activo físicamente y con actitud positiva. Una nueva dieta balanceada y el ejercicio físico regular, mantendrán los buenos hábitos que ya ha construido.

Una nueva acción deberá ser incluida en su estilo de vida. Puede practicarla todas las mañanas, no importa donde esté mientras haya alguna clase de espejo en el cual pueda mirarse. (Mucha gente hace su calentamiento matutino en frente de un gran espejo). Cada mañana, al mirarse por primera vez en el espejo, sonría amigablemente y diga "¡Hola, buenos días!".

No se mire reflejando todas las preocupaciones de ayer; no se mire ansiosamente, preguntándose si le va a agradar al mundo hoy. Usted está mirando a un amigo cercano y leal –su Yo físico es instintivo– y ese amigo merece y apreciará una sonrisa y una palabra de ánimo.

Usted ya envía "pensamientos amables", pero más adelante en este libro se le enseñará una forma de hablar con su Yo inferior en palabras, y la manera de entender las respuestas. Así que comience a establecer una amistad más estrecha, de la misma forma que lo haría con alguien cuya confianza quiere ganar: Con esa sonrisa de buenos días y esa palabra cordial de saludo. Si usted tiene en el pasado comunicaciones desalentadoras con su Yo inferior, quizás tendrá que perseverar un poco antes de recibir respuesta; pero por otro lado empezará casi en seguida a sentir felicidad y alegría, porque su Yo inferior rápidamente se identificará como el receptor del mensaje dado a su imagen del espejo, y su saludo de respuesta fluirá de felicidad hacia su mente consciente. Esta buena disposición del Yo inferior de identificarse con la imagen del espejo, es la cualidad es la cualidad a utilizar para su beneficio. Sin embargo, no desperdicie su tiempo ahora tratando de analizarlo o racionalizarlo:

¡Sólo mírese al espejo todas las mañanas con esa sonrisa y salude!

Esto abre una nueva etapa importante en su programa personal.

La nueva actividad deberá realizarse en su área de proyección escogida, y a su hora elegida para que no vaya a ser molestado. (Como se dijo en el capítulo anterior, no hay necesidad de repetir el rito de "aislamiento" que desarrolló para esta área: Pero si le parece adecuado repetirlo, ahora que está empezando una etapa más avanzada del trabajo, entonces hágalo de nuevo o reafírmelo. Sin embargo, si una repetición lo perturba, no lo haga. Lo importante es que todos los niveles de usted mismo se sientan seguros, principalmente los profundos niveles emocionales e instintivos).

Usted va a aprender a expulsar la sustancia astral de su cuerpo astral: Sustancia que en efecto permanece parte en usted, pero que, mientras es exteriorizada, puede ser formada y dirigida para diferentes propósitos. Lo principal de estos propósitos será formar el "vehículo" para su conciencia cuando viaje lejos de su cuerpo físico. Hay otras prácticas valiosas que utilizan la sustancia astral exteriorizada para dirigir y controlar esa sustancia.

Quizás notará también, que al efectuar estas prácticas preliminares encontrará respuestas claras y precisas.

Parte de lo que creía imposible, o aún expuesto como "ficción" cambiará de significado cuando logre entender la exteriorización y control de la sustancia astral. Cuando esa sustancia todavía permanece parte en la persona que lo emitió, más el hecho de que esta sustancia pueda ser moldeada a cualquier forma escogida, verá que simple y fácil muchas de las antiguas historias podrían ser ciertas.

Para comenzar, necesita expulsar o exteriorizar, esta sustancia astral. Esto no sólo es cuestión de saber mentalmente como hacerlo; el controlador inmediato de esta sustancia astral es su Yo inferior, su Yo emocional e instintivo –al que usted saluda amigablemente y a quien le sonríe en el espejo cada mañana– y esa persona tiene que reconocerlo (consciente y pensante) como un amigo, tiene que confiar en usted y estar dispuesto a trabajar a su lado. Además, su Yo inferior tiene que encontrar la forma (en la privacidad de su vivienda), de segregar y emitir la cantidad requerida de sustancia astral cuando quiera hacerlo. Aunque hay dos formas para lograrlo, es importante el trabajo en equipo.

Esta es la técnica:

El lugar y la hora deberán ser las que haya escogido para su trabajo de proyección. No deberá usar ninguna prenda de ropa muy ajustada: Las mejores opciones son estar desnudo o usar una prenda suelta sencilla. Absténgase de comer una hora antes: El proceso de digestión requiere la atención de su nivel instintivo, y si divide esa atención, sus esfuerzos de proyección como de digestión probablemente se afectarán.

Mantenga la postura de vara, adopte la respiración rítmica, y cuando desarrolle la fórmula uno. (La fórmula uno, como regla general, es incorporada en todos estos experimentos: En la primera parte del experimento, energiza, y al concluir, ayuda a prevenir el sangrado astral y asegura una correcta armonía entre los niveles). Al terminar la fórmula, continúe con la respiración rítmica.

Ahora, va a sacar la sustancia astral de la región del "plexo solar", la parte superior del abdomen. A veces personas exteriorizan la sustancia astral de otras partes del cuerpo o cabeza, pero el plexo solar es muy "astrosensitivo" y es fácil trabajar desde esa área. (Para encontrar el lugar exacto identifique la parte superior de su abdomen donde se siente más vulnerable).

Así que, en su imaginación visual, emita a una distancia conveniente un chorro de niebla gris plateada, la cual deberá formarse a esa distancia en una nube pequeña. Imagine la nube conviértiendose en una esfera. No visualice ninguna gran cantidad de material gris plateado que sea exteriorizada, y cuando piensa –o dice– "¡es suficiente!" deje que cese la corriente; aunque la esfera deberá estar todavía unida al punto de expulsión por un hilo tenue de la misma sustancia (vea el capítulo 2, pregunta 1).

Para esta práctica inicial, tiene ahora sólo que poner el procedimiento en reversa. Simplemente visualice la esfera que se convierte una vez más en una nube difusa, luego, hálela completamente hacía usted a través del hilo como si bebiera a través de un pitillo (la respiración rítmica ayudará), luego finalmente reabsorba el hilo.

Cuando finalice el proceso, verifique que está todavía en la postura de vara y acabe su experiencia repitiendo la fórmula uno.

Las primeras dos o tres veces que usted trabaja a través de este procedimiento, probablemente va a tener un sentimiento interior de que todo está sucediendo en su imaginación. No permita que esto lo moleste; las primeras veces, muy probablemente está sólo sucediendo en su imaginación.

Pronto su cuerpo astral entenderá lo que está sucediendo y, a menos que tenga algún motivo específico para resistir sus deseos, muy pronto hará real sus visualizaciones y direcciones de la sustancia astral. Esté listo para sentir esa primera respuesta delicada; agradezca la experiencia, para que su Yo inferior sepa que lo ha hecho bien.

Enseñe, represente, y luego cuando la acción sea exitosamente imitada, manifieste placer. Un animal, un niño pequeño, o los niveles subracionales de su propia personalidad pueden ser entrenados de esta manera. El "fracaso" usualmente sólo significaría la necesidad de más paciencia, y quizás necesitará descubrir la razón que lo ocasiona. Pero en la gran mayoría de los casos, la paciencia, bondad, gentileza y la confianza son todas las cualidades requeridas.

Usted puede añadir algo más a esta práctica inicial en la expulsión de la sustancia astral. En lugar de convertirlo en esfera, trate de convertirlo en una "figura clave" –es decir–, en una figura humana de aproximadamente su propia estatura, generalmente de color gris plateado, vestido de una manera simple y dignificada, sin detalles definidos y sencilla en aspecto. No trate de identificarse con la figura en la presente etapa. Es simplemente una muñeca, un títere, una figura de trapo hasta ahora.

Visualícelo en su misma postura, al frente suyo. El hilo conector deberá extenderse desde su plexo solar hasta la región del plexo solar de la figura. Cuando la figura esté muy clara allí, devuélvala con calma a la masa nebulosa de vapor gris plateado, y reabsórbala a través del hilo de la manera normal. Y, por supuesto, ¡no olvide la fórmula uno!

¿Cuánto tiempo deberán durar estas secciones de práctica?

Es imposible hacer reglas para todos, pero una práctica útil puede hacerse en media hora si el tiempo está bien organizado, y no más que esto deberá tomarse ahora. Si la visualización inicial es desarrollada sin demora, el cuerpo astral se acostumbrará a hacer su trabajo verdadero a la misma hora. Un programa regular también tiene esta ventaja, que algún sentido del tiempo en efecto "atravesará" hasta los niveles más profundos de la mente, de esta forma ayudando a proteger contra cualquier retardo prolongado en el Mundo Astral en una etapa posterior.

Una regla muy importante es que ningún esfuerzo, ya sea elemental o avanzado, en la proyección astral deberá prolongase después de que se siente cansancio. El cuerpo físico, el sistema nervioso, y sus niveles integrales de la psiquis se cansarán, y estos niveles no deben ser "forzados". Darles una aversión por las sesiones de práctica, o por la autoridad mostrada por la mente consciente, perjudica el esfuerzo de una manera que posiblemente no podría ser superada por cualidades aparentemente buenas de determinación o perseverancia.

Al alcanzar un grado de eficiencia en las prácticas dadas, tendrá derecho de hacer algunas preguntas antes de intentar lanzar su conciencia en un vehículo de esta clase. Después de todo, aún si se le da los perfiles de una figura humana, usted no puede dotarla de órganos de los sentidos ni puede diseñarle ningún equivalente adecuado de ojos y oídos. ¿Cómo sabe si al viajar en tal vehículo, podrá percibir cualquier cosa que sucede a su alrededor? ¿Estará en efecto consciente del mundo exterior?

Hay dos formas de contestar esto. Primero es la forma simple y teórica, que realmente no prueba nada pero que, después del evento, sabrá que es la verdad. Todos los órganos de los sentidos son sólo una clase de "ventanas" en el cuerpo terrenal que dan a la psiquis la oportunidad de adquirir datos en sólo esas formas limitadas en que lo permiten los órganos de los sentidos. La psiquis es dependiente de ellos, no por las limitaciones de su propia naturaleza sino por la fuerza de las circunstancias.

La otra forma de contestar la pregunta es darle una técnica que le permitirá averiguar por si mismo algo de la sensibilidad de la sustancia astral para sus alrededores materiales, aún sin la presencia en ella de su mente consciente.

¡Finalmente notará que tal forma tiene un valor mayor que el probar la sensibilidad de una forma astral! En la fórmula dos, descubrirá una parte mucho más importante del conocimiento hasta ahora oculto.

Ahora aprenderá a exteriorizar su sustancia.

Esto, aunque para mucha gente es más fácil lograr que la experiencia extracorporal, será todavía de gran uso para usted aún cuando haya dominado cada técnica en este libro y se convierta en un hábil viajero astral. Porque, aunque el viaje astral es un excelente medio de averiguar lo que está sucediendo en otro lugar, no es siempre conveniente dejar a su cuerpo físico en un estado de inconciencia, especialmente si es de día y tiene otras actividades que necesiten su presencia consciente.

Por lo tanto, y durante mucho tiempo, ha sido la costumbre de ocultistas experimentados, enviar a un "observador" compuesto de su propia sustancia astral al sitio deseado para experimentar mientras ellos están conscientes en la existencia física ordinaria y libres de llevar a cabo otros asuntos. Dos cosas deberán tenerse en cuenta:

Un "observador" puede sólo "observar": Es decir, puede "captar" cualquier cosa perceptible a cualquiera de los sentidos físicos y cualquier "tono" emocional, pero no puede intervenir. También, un observador no puede hacer ninguna deducción intelectual de lo que presencia; usted es responsable del raciocinio inteligente al final.

Todo esto hará que se engrandezca su conocimiento terrenal.

Fórmula dos

El observador. (Se desarrollará en su área de proyección escogida).

Párese verticalmente en la postura de vara y establezca la respiración rítmica.

Desarrolle la fórmula uno.

Expulse la sustancia astral de la región abdominal superior, luego convierta esto en una esfera simple, o en la figura clave. (El observador puede, por supuesto, ser transformado en cualquier forma que se prefiera, pero hay razones definidas contra escoger, como ejemplo, cualquier forma de animal. El principiante obtendrá mejores resultados escogiendo de las dos formas dadas aquí. Se recomienda la esfera).

Yendo en la correcta dirección si se conoce (esto no es estrictamente necesario, pero es útil), voluntariamente envíe al observador hacia una persona o lugar del cual usted desee conocimiento. (En la imaginación visual, véalo irse, saliendo por la puerta, ventana o pared, y desapareciendo a medida que se aleja para ocuparse de sus cosas. Usualmente la orden mental "vaya y, etc. etc." será suficiente, pero la partida del observador siempre deberá ser presenciada por usted. El hilo simplemente se desvanece a medida que se hace tenue).

(Esto concluye la primera parte de la operación. No repita la fórmula uno en esta etapa, sin embargo puede encargarse ahora muy bien de sus ocupaciones comunes, hasta la hora en la cual ha determinado hacer volver al observador).

Para el regreso, establezca la postura de vara en su área de proyección escogida, mirando en la dirección en la cual el observador ha desaparecido. Reestablezca la respiración rítmica.

Convoque mentalmente al observador. (Habiendo dado los llamamientos mentales, haga reaparecer la figura visualmente, y hágala descansar a unos 8 pies –2 mts.– de usted).

Dirija nuevamente al observador a la nube gris plateada, y luego reasimílela. Ahora repita la fórmula uno.

Permanezca sentado en la postura egipcia para esta siguiente parte de la acción. Reestablezca la respiración rítmica.

Ahora deje que las impresiones se eleven a su mente consciente a medida que se sienta en silencio. (Estas impresiones deberán ser del observador retornado y reasimilado. Estará confundido al comienzo porque llegan sin "etiqueta de origen". ¿Son imaginarias, o están contaminados con imaginación? La única solución cuando se es principiante, es enviar al observador a alguna persona o lugar donde sea posible revisar la exactitud de sus impresiones.

El observador deberá ser enviado a reunir estrictamente conocimiento terrenal, pero aún así, se encuentra de vez en cuando que las impresiones erróneas tienen una relación simbólica u otra relación con "otros niveles". La práctica y la revisión minuciosa de tantos datos parece ser la solución.

Redacte sus hallazgos. Con práctica es posible llevar esta técnica a un punto donde se logra conocimiento con exactitud.

Muy pronto, la experiencia lo convencerá de la completa objetividad de las percepciones astrales. La interpretación de esas percepciones será la que necesitará práctica. Pero esta fórmula sólo utiliza la sustancia astral con sus percepciones intrínsecas, emocionales e instintivas. ¿Qué sucederá cuando su mente consciente, durante una experiencia extracorporal, controle un vehículo de esta sustancia?

La fórmula anterior descubre, lo que ha sido a través de los siglos, un secreto minuciosamente protegido por el ocultismo

En la antigüedad muchos hombres fueron apartados del conocimiento, excepto cuando eran ligados por juramentos solemnes del ocultismo. No creemos que disputas sin sentido entre sus seguidores han beneficiado a la humanidad. Preferimos confiar en la integridad de aquellos cuyo valor, autodisciplina y sentido común, pueden llevar a cabo las instrucciones contenidas en este libro.

Al mismo tiempo, hay ciertas precauciones que siempre deberá observar al usar esta fórmula, tanto para su seguridad como la de los demás.

Una es la advertencia contra la conversión del observador en cualquier forma animal. La razón para esto es que la gente que más quiere emplear una forma de animal es la que tiene alguna fuerte afinidad ya sea consciente o inconsciente con alguna clase específica de animal. Tal afinidad también debe estar en el nivel astral y podría causar que algunos poderes asociados con ese animal sean no intencionadamente transmitidos desde las profundidades de la personalidad al observador.

El observador, en lugar de ser una entidad pasiva, podrá entonces actuar con algún grado de voluntad y podría incrementar en fuerza al atraer más sustancia astral hacia sí, a través del hilo.

La experiencia muestra que tales formas, habiendo adquirido alguna voluntad y escapado de la vigilancia, invariablemente se vuelven maliciosas.

Esto pasa a menudo, incluso para las formas astrales en forma humana, si no son adecuadamente controladas por la persona que los hizo, ya sea usándolos como vehículo para la conciencia o manteniendo contacto cerca de ellos. Esta es una de las razones de por qué cuando ha hecho una forma astral de cualquier configuración, siempre debe tener cuidado de reasimilarla cuando el propósito para el cual está proyectado haya sido servido.

Otra precaución que deberá observarse:

Antes de enviar a un observador, siempre determine en su mente la hora en la cual usted proyecta hacerlo volver. Tome nota si es necesario, luego desarrolle la segunda parte de la fórmula puntualmente. Esto no es sólo una buena disciplina con respecto al observador, es también un muy buen medio de crear gradualmente ese sentido del tiempo en los niveles inconscientes de la psiquis, el cual será útil cuando llegue a la proyección real de conciencia en un vehículo astral.

Es importante recordar que cuando la sustancia del observador es reasimilada, sus experiencias se vuelven parte de la experiencia de su cuerpo astral; es decir, sus experiencias se vuelven las suyas a nivel emocional e instintivo. (Esto será tratado más adelante, en una técnica diferente y mucho más avanzada, la cual podrá emplear para su propio desarrollo posterior). También, mientras el observador esté lejos en una misión, es todavía parte de usted, está unido por el hilo astral no importa que tan pequeño e imperceptible pueda ser.

Es por esta razón que se le aconseja, al menos en las etapas iniciales de su trabajo, formar al observador como una simple esfera. Hay otra razón también: Usted está aprendiendo por experiencia, cual es la mejor de todas las formas, que la sustancia astral puede captar información exacta de lo que está sucediendo en el mundo material a su alrededor, sin el uso de ojos, oídos u otros órganos de los sentidos físicos. Pero la principal razón es que mucha gente, ya sea entrenada en lo oculto o no, tiene algún grado de clarividencia –algunos más que otros–. En cualquier caso tienen menos probabilidad de tener conciencia de un globo de sustancia astral que permanece inmóvil es su vecindad, de lo que sería percibir la presencia de algo en forma humana.

Toda nuestra naturaleza instintiva tiende a ser alertada por cualquier sospecha de que una forma humana está presente.

Si su observador es percibido de esa forma, el propósito por el cual lo envió puede echarse a perder –aunque no necesariamente, si usted sólo quiere evidencia de la objetividad del experimento– pero existe el peligro de que alguien con conocimiento de lo oculto o actuando instintivamente o en estado de pánico, podría atacar a su observador astralmente.

Podría entonces ser regresado violentamente a usted, con la posible consecuencia de un choque desagradable para su sistema nervioso. Esto de ningún modo es un acontecimiento probable si usted no está buscando lastimar o asustar a alguien, y si su observador está en forma de globo; pero la mayoría de la gente reacciona fuertemente contra los "fantasmas" de forma humana.

Hay otras dos precauciones de las cuales deberá saber y prestar atención, aunque pueden parecer indudablemente esotéricos. Se aplican a cualquier clase de práctica con sustancia astral exteriorizada, hasta que haya experimentado esa práctica en particular.

Primero. No intente tal práctica mientras la Luna esté en menguante o en el período cuando la Luna se haya desvanecido totalmente. Usted quizás sabe sobre el efecto de las faces de la Luna en el crecimiento de las plantas. Las plantas muestran más desarrollo y vitalidad durante el tiempo de la Luna creciente y Luna llena. El cuerpo astral tiene mucho en común con la naturaleza vegetal de las plantas: Los efectos de las faces de la Luna son menos notables en las vidas de animales y de seres humanos simplemente porque estos tienen poderes mas grandes de voluntad individual que las plantas. Pero, en cualquier cosa que sea puramente instintivo, la Luna gobierna las reacciones humanas de igual manera que las de las plantas. Por ejemplo: ¿Qué es más instintivo que el nacimiento de un niño? Cualquier enfermera en un pabellón de maternidad dirá que sin importar los cálculos de los doctores, cuando llega la Luna llena, habrá un ligero retardo de parte de algunos de los nacimientos, y un ligero adelanto de parte de los prematuros. Un ejemplo diferente puede encontrarse al analizar la palabra "lunático". Esta palabra era aplicable sólo a una clase de gente cuya mente racional no estaba en control normal de su comportamiento, de modo que los impulsos subracionales e instintivos eran muy evidentes. Podría así verse que sus reacciones eran gobernadas por la Luna, resultando en un estallido de conmoción nerviosa cada Luna llena.

Podemos decir, por lo tanto, que la Luna creciente, de un continuo flujo de energía y creatividad a nivel emocional e instintivo, se encuentra en el nivel astral. Cuando la Luna entra en menguante hay no solo una disminución en energía, sino también los impulsos debilitados son más erráticos y más difíciles de dirigir: Es como derramar agua en la tierra, y tratar de controlar un pantano que se crea. Debido a estas influencias debilitadas y posiblemente erráticas, se aconseja evitar cualquier trabajo con sustancia astral durante la Luna menguante, hasta que haya logrado la suficiente experiencia en la práctica en cuestión.

La otra precaución es evitar cualquier cosa que involucre expulsión de sustancia astral durante el período "muerto" del año, (entre el 21 de diciembre y el 22 de marzo). En esta época las influencias solares son débiles –el Hemisferio Norte está más alejado del sol– y la influencia del sol está muy ligada con la mente racional y controladora. Mientras viva más hacia el norte, notará más la influencia. El efecto contrario ocurre cuando se vive en el hemisferio sur.

En tal caso el período desde el 21 junio al 22 de septiembre deberá evitarse.

Por ahora, basta ya de precauciones. En este capítulo ha aprendido cómo exteriorizar la sustancia astral a su voluntad, cómo controlar la cantidad expulsada y convertirla en una forma deseada; ha aprendido cómo emitirla por medio de la fórmula del observador, cómo hacerla volver y reabsorberla, y cómo llevar a su conciencia el conocimiento que el observador ha reunido mientras está ausente de usted. Tome ventaja de todo esto; la facilidad de controlar la sustancia astral le abrirá muchas más puertas.

Cuando haya logrado destreza en exteriorizar y en reabsorber la sustancia astral, deberá continuar con la fórmula del observador. Esta fórmula deberá ser desarrollada a diario, hasta donde sea posible. Considerando que hay días donde no podrá practicarla, durante la Luna menguante por ejemplo, o por alguna razón personal, tenga en cuenta la siguiente regla en esos casos:

Si razones personales limitan su práctica, desarrolle la fórmula uno y la exteriorización y reabsorción de la sustancia astral al menos tres veces a la semana.

Si el "tiempo muerto" del mes o año interrumpe sus prácticas, trate de desarrollar la fórmula uno todos los días: mañana y noche si puede. *Nada* deberá obstaculizar el uso de esta fórmula.

REPASO TEMPORAL

Salude con entusiasmo a su imagen en el espejo todas las mañanas. (Recuerde también el pensamiento amable y buenos deseos para su Yo inferior).

—Utilice con regularidad la fórmula uno (que incluye la postura de vara, la respiración rítmica, la visualización y energización de los centros de actividad, con una circulación subsecuente de luz).

—Ha aprendido a expulsar y reabsorber la sustancia astral, también a formar la sustancia astral a voluntad: La esfera y la figura clave.

—Fórmula dos: La fórmula del observador. Incluye enviar al observador, hacerlo volver, y recibir sus impresiones. Se utilizan las posturas de vara y egipcia.

Recomendaciones importantes:

—Siempre reasimile la sustancia astral después de que ha sido cumplido el propósito de la exteriorización.

Tome nota de las impresiones del observador inmediatamente: No dependa de la memoria para verificar su exactitud.

—Evite las prácticas astrales en la Luna menguante y en la estación muerta del año.

—Mantenga su dieta balanceada y ejercicio físico. Durante las prácticas astrales vista ropa ligera o hágalo al desnudo.

NOTAS

5

ESCULTURA DEL ALMA

— PERSPECTIVAS

La proyección astral es parte de su programa de crecimiento psíquico y espiritual:

1-La mayor parte de su habilidad psíquica natural es suprimida durante la niñez, junto con temores y sentimientos pueriles. A medida que libera su Yo psíquico, igualmente liberará estos temores suprimidos que le pueden causar problemas.

a- Su Yo inferior necesita comprensión y apoyo de su *mente racional*. ¡Así que continúe saludando a su Yo inferior con una sonrisa!

2- Otros problemas menores pueden desarrollarse a medida que continúa el proceso de liberación. La dieta balanceada, el ejercicio y el trabajo continuo con la fórmula uno, junto con las otras prácticas astrales, le dan la habilidad necesaria para su desarrollo.

3- (A medida que continúa su crecimiento encontrará que su nueva personalidad energizada puede atraer gente quienes van a vaciar su vitalidad. Se dan instrucciones para que pueda evitar esta pérdida, o,igualmente, para que pueda dar energía al "curar").

4- Fórmula tres: El simulacro.

a- Su tiempo y lugar usual para el trabajo de proyección astral; ropa suelta o sin ella; no consumir alimento una hora antes.

b- Asuma la postura de vara y establezca la respiración rítmica.

c- Desarrolle la fórmula uno para energizar los centros de actividad. Continúe la respiración rítmica.

d- Medite sobre la relación entre su mente racional y su Yo superior —formule una intención deliberada para que estén en armonía, y trabajando juntos—.

e- Exteriorice la sustancia astral a unos 10 pies (3 mts) frente a usted, y fórmela a su semejanza, mirándolo a usted. Este simulacro representa su Yo inferior.

f- ¡Salude al simulacro! Diríjase a él con amable autoridad, amor e interés (como lo haría con un hermano menor). Todo lo dicho deberá significar amor para el simulacro.

g- Agradezca a su Yo inferior por ayudarle en esta acción.

h- Reasimile el simulacro.

I- Reitere sus pensamientos y deseos (f).

j- Desarrolle la fórmula uno.

5- Grabe un cassette de 45 minutos con estas resoluciones y escúchela cada noche antes de dormir.

6- Mantenga un diario de sueños –ver el final de este capítulo– y piense en sus sueños como comunicaciones del Yo inferior.

7- Desarrolle la fórmula tres diariamente durante al menos dos semanas, omitiendo la fórmula dos durante este tiempo. Luego use a su gusto la fórmula dos o tres.

ESCULTURA DEL ALMA

Todo deberá estar yendo bien en esta etapa. La dieta balanceada, el ejercicio físico y su experimentación astral deberán ser parte de su vida diaria. En este momento deberá estar desarrollando la fórmula dos regularmente, y eso por supuesto incluye un desarrollo de la fórmula uno. Pero si por alguna razón no está usando la fórmula dos durante algunos días, asegúrese de practicar la fórmula uno y la exteriorización al menos tres veces a la semana.

La fórmula del "observador" (la fórmula dos) deberá hacerse a diario si es posible.

Sin embargo, a veces hay problemas a los que deben prestar atención antes de continuar. Las posibilidades son grandes y variadas e imposibles de nombrar. Los problemas pueden ser agrupados en dos categorías:

- Problemas que ya existían, aunque pueden haber sido sacados a la superficie por su nuevo programa, y

- Los problemas que surgen del programa mismo.

De una u otra forma, es bueno tener estas cosas al descubierto, y este es un buen momento para empezar a planificarlas.

Porque –recuerde– este programa no es sólo para ayudarse en la proyección astral. La proyección astral es una forma natural de vivir una vida saludable, feliz y mejor.

Algunas veces la gente encuentra en estas tempranas etapas de trabajo de proyección un sentido de inseguridad de la niñez o retornos de culpa, que ellos pensaban habían superado años atrás. El problema es que no lo habían superado, sólo habían cedido a él. La gente pierde su psiquis de la niñez bajo presión de actividades impuestas por gente mayor, que fueron tratados de la misma forma en su niñez. Los jóvenes suprimen y olvidan el lado psíquico, intuitivo y emocional de ellos mismos –y muy a menudo abandonan la parte mayor de su creatividad natural junto con él– para ocultar el sentimiento de culpa o ser "arrogante", "tonto", "insociable", o "introvertido". Luego cuando son adultos se esfuerzan por recapturar las facultades suprimidas, la parte emocional e instintiva –la misma parte que necesitan reestablecer– probablemente surja con todos los viejos temores en la forma original o disfrazada de culpa, castigo, rechazo, desprecio, burla o peligro de alguna clase. La mente racional sabe que no hay razón para sentir ninguna de estas cosas, pero el Yo inferior necesita saberlo también.

Una de las dificultades en esta situación es que la mente racional probablemente escapa de otras facultades y continúa independiente con su propio desarrollo intelectual. El "buenos días" y la sonrisa diaria en el espejo puede obrar maravillas, pero alguna clase de seguridad más específica puede ser necesitada.

Otro tipo de dificultad que puede estar conectada con la nueva forma de vida. A menudo sucede que la gente desarrolla un deseo constante por alguna clase de alimento que saben es malo para ellos, o una persona puede haber dejado de fumar o beber alcohol con gran éxito inicialmente, sólo para encontrar que el deseo por estas adicciones, regresa de vez en cuando.

Pueden haber otras dificultades. Alguna gente encuentra que hay una definitiva disminución en su habilidad de practicar la proyección después de, por ejemplo, visitar a una persona especial. La razón para esto es completamente psicológica: Puede que no haya nada malo con esta persona, pero su apariencia física, alto o bajo, delgado o robusto, rubio, o moreno, o algo en particular da la pauta para asumir que nunca tendrá una buena relación con ese individuo. En ese caso, si no frecuenta muy a menudo al inocente ofensor, usted puede decidir que es mejor aceptar la situación, y tal vez con el tiempo, al perseverar con sus prácticas de proyección como es de costumbre, muy probablemente puede acabar con su resistencia. O, quizás, pueda decidir que su antipatía está creando un gran obstáculo y es necesario hacer algo al respecto.

Es posible que el visitante que no tiene creencia o interés en el desarrollo interior, seguramente saca a relucir esta aptitud negativa u hostil en la conversación. Hay, en efecto, una forma muy directa en la cual usted puede enfrentar esto, o con cualquier otro tipo de conversación que le moleste. No reaccione. Compórtese como lo haría si alguien hubiera mencionado algo trivial sobre el estado del tiempo. Responda con evasiva, y sin afan, cambie el tema. Poca gente continúa siendo agresiva en sus opiniones durante un monólogo, particularmente si usted cambia el tema a uno en el cual sabe que el hablante tiene positivo interés.

Hay un tipo más de dificultad interpersonal que exige un tratamiento diferente. Usted ha incrementado y activado su energía a niveles tanto físicos como psíquicos; ha regulado su vida a un nivel de salud y vitalidad superior. Y necesita esta energía, salud y vitalidad para las nuevas prácticas y experimentos en la proyección astral que está emprendiendo.

Es posible que se encuentre en compañía de alguien que lo hace sentir "agotado", reducido en energía y tal vez no dispuesto a esforzarse a su punto normal. Es probable que esta persona también se sienta física o emocionalmente: Recuperándose de una enfermedad, o sufriendo alguna incapacidad, o teniendo alguna predisposición a actividades emocionales negativas. Tal vez deprimida, desanimada o apática. Como resultado su presencia parece ser "positiva". Probablemente así lo es.

No hay que tildar esta gente "agotada" como "vampiros astrales" o "gente maligna". No es "maligno" para ellos buscar su compañía como una planta que trepa un árbol buscando la luz solar y que lo hacen probablemente sin pensar. Si siente que puede compartir la energía de sobra (este puede ser el caso, en especial, si usted está diariamente desarrollando la fórmula uno) dejarlos que la utilicen, sólo puede hacerles bien. Nadie está "robándole energía" –poca gente tiene la intención o el conocimiento para hacerlo deliberadamente– pero la energía, como el agua, aire o cualquier otra sustancia capaz de fluir, encontrará su propio nivel y por lo tanto pasará de los que tienen más a los que tienen menos; a menos que usted tome medidas para prevenirlo.

Puede ser que en esta etapa sienta que no puede compartir energía –y recuerde, esta decisión depende totalmente de usted–. Por ahora está concentrando su energía disponible para propósitos específicos. Si su objetivo, o uno de sus objetivos, es ayudar a otra gente, fácilmente percibirá que puede hacerlo, una vez que pueda dejar conscientemente su cuerpo físico, dejando que tomen energía de usted pasivamente. En cada circunstancia por separado usted deberá decidir.

Si decide no compartir su energía, hay una técnica muy simple para prevenirlo.

Trate de sentarse a un lado de la persona, y, al mirarla, concéntrese sólo en su ojo izquierdo.

Cruce sus piernas o al menos sus tobillos, doble sus brazos y manténgalos doblados si es posible a través de su abdomen superior.

Hable con suavidad hacia un lado, y, cuando no esté hablando, mantenga su boca cerrada y su cabeza ligeramente inclinada hacia adelante.

Esta es una forma discreta de "autodefensa psíquica" que puede ser fácilmente usada en privado o en público, sin ser notado. Antes se mencionó que para cualquier práctica conectada con la proyección, nunca deberá cruzar piernas o brazos. Ahora, como consejo en cuanto a la postura para prevenir el flujo de energía, se le dice: Cruce ambas piernas y brazos. Es obvio la buena intención. También se le dice que su postura física deberá evitar directamente a la persona de quien usted se está defendiendo. El consejo con respecto al ojo izquierdo de la persona es el de evitar alguna sugerencia mental para que cambie su postura: El ojo derecho es el dominante. Si se concentra en el ojo izquierdo de la persona (es decir, el ojo que mira a su ojo derecho) no podrá ser dominado fácilmente de esa forma, ni puede considerarse que está evitando su mirada. La región "astrosensitiva" del abdomen superior está también protegida. Debe repetirse que en la mayoría de los casos los que agotan la energía de otros lo están haciendo sin intención deliberada o maliciosa.

Vale la pena anotar que se deberá adoptar la postura contraria si quisiera deliberadamente dar energía a alguien. Siéntese o párese en frente de la persona, al principio en la postura de vara o egipcia, luego levante naturalmente sus brazos hacia ella. Mire directamente sobre ella. Diríjale su energía, ya sea desde su abdomen superior o, más probablemente, enviándolo por un acto de imaginación a lo largo de sus brazos para que lo irradien desde los centros de su palma o yemas de sus dedos, tal vez formulando con su mente al mismo tiempo un deseo general para su bienestar o un pensamiento específico de la recuperación de cualquier cosa. Mucho de la así llamada curación "astral" o "espiritual" es hecha de esta manera, con varias explicaciones según las creencias de los médicos, y a menudo es muy efectivo, también.

El cuerpo físico tiene un gran impulso natural hacia la autosanación; usualmente usted no tiene que saber como curarlo, la propia naturaleza instintiva de la persona cuidará de esa parte, pero lo que a menudo puede ser bienvenido, especialmente después de días de enfermedad o después de un accidente, es el fresco suministro de energía que usted puede dar. Puede ayudar mucho de esta forma. Lo que no tiene derecho a hacer, por supuesto, ya sea legal o moralmente, es llamarse por tal motivo "curador". La naturaleza cura, usted, en este tipo de acción, simplemente suministra la energía extra, aunque si tiene realmente algún conocimiento de fisiología y comprensión de lo que sucede, puede dirigir esa energía con exactitud.

Este es otro tema del ocultismo del cual usted acaba de obtener conocimiento, sólo comprendiendo como funciona la manipulación de energía.

Y ¿qué puede hacer por usted mismo? Ya se le han dado algunas ideas con las cuales puede beneficiarse de su Yo inferior –su cuerpo físico–, y su naturaleza emocional e intuitiva tanto directa como por medio de la imagen del espejo. Ahora está listo para algo más avanzado.

En esta etapa del programa, tiene el poder de modificar la relación entre usted y muchos factores exteriores, por medio de la siguiente fórmula. Esta fórmula utiliza las habilidades que usted ya ha despertado y desarrollado a través de esta lectura. Su uso, si es desarrollado con atención según sus necesidades particulares, puede transformar su vida por completo.

Así como hay personas dedicadas a crear una "escultura de sus cuerpos" a través del físicoculturismo, también podría ser creada una "escultura del alma". Todas aquellas imperfecciones que rechaza, suyas y ajenas, sus traumas desde la niñez o la aversión a cierta gente sin un motivo justificado, podrán ser al fin resueltos. Puede olvidar su pasado pero no puede cambiar a las personas. Sólo puede cambiar su comportamiento hacia ellos.

Si algún problema interior está obstaculizando su programa de proyección, sea viejo o nuevo, reflexione sobre él, trate de ver sus raíces tan claramente como pueda, y luego confróntelo.

Fórmula tres

El simulacro. (Para desarrollar en su área de proyección escogida).

Párese verticalmente en la postura de vara, establezca la respiración rítmica.

Desarrolle la fórmula uno.

Reflexione por un momento sobre la relación entre su mente racional y su Yo superior (la mente racional tiende a considerar todo a la luz de la razón, pero algunas veces el Yo superior sugiere una idea o una acción que emana de algo más alto que la razón. Si no siente que ha tenido alguna vez esta experiencia conscientemente, no importa. Lo importante es reconocer que esto podría pasar, y, si ya sucedió, la respuesta correcta para su mente racional sería la de aceptarlo). Tenga presente en este momento, que su mente racional y su Yo superior deberán estar en armonía y en cooperación mutua; esto dará una autoridad y rectitud especial a sus decisiones que serán expresadas en esta fórmula.

En su imaginación visual, exteriorice la sustancia astral de la región de su abdomen superior. A unos diez pies de usted, fórmela primero en una nube brumosa y luego en un simulacro, que se parezca a usted lo más posible, de pie y mirando hacía usted (este simulacro representa su Yo inferior, en parte porque se asemeja a su apariencia física, como la imagen del espejo. Sin embargo, el simulacro es mucho más que una imagen de espejo. Es parte de la sustancia viviente de su cuerpo astral, y está íntimamente relacionada con su naturaleza emocional e intuitiva; es un verdadero representante de su naturaleza inferior).

Háblele al simulacro. Salúdelo, luego diríjase a él con autoridad e inquietud bondadosa. Háblele basado en la experiencia conjunta de su mente racional y el Yo superior combinados, con todo el amor y seguridad que usted puede expresar. (Si se siente inclinado a hacerlo, puede dirigirse a él como a su hijo –según las enseñanzas de la filosofía oculta, su Yo inferior y su cuerpo físico son realmente "descendencia" de su Yo superior–, pero puede ser mejor si lo considera como su hermana o hermano menor. En cualquier caso, –su mente racional guiada por su Yo superior– tiene la inalienable responsabilidad de tomar decisiones para la felicidad y bienestar de este ser irracional, sensible y voluntarioso. Por lo tanto, hable con firmeza pero con amor sincero y ternura. No se apresure; no trate de abarcar demasiados temas, y sobre todo no haga largos razonamientos abstractos. Al mismo tiempo, este no es lugar para la trivialidad condensada de las técnicas individuales del hipnotista. De nada sirve decirle al representante de su Yo inferior, "usted está feliz y en paz" si su Yo inferior ha estado sufriendo durante años por alguna angustia de la niñez. Deberá decir algo como, "sé que usted ha estado triste, pero la causa de eso está en el pasado. Usted es capaz, es fuerte, sus instintos son buenos y naturales. Juntos somos más fuertes, y, bajo la dirección de nuestro Yo superior, nos dirigiremos a las alturas". Añada cualquier dato específico o instrucciones apropiadas. A medida que continúa usando esta fórmula, y también el método de enseñanza por cassette aún por describir en este capítulo, podrá descubrir puntos adicionales sobre los cuales puede ser acertado). Todo en esta parte del procedimiento deberá ser pronunciado con ternura y amor.

Ahora, agradezca a su Yo inferior por ayudarle en esta acción; dele la bendición en el nombre de su Yo superior, o a la "luz" divina dentro de usted.

El siguiente paso es reabsorber el simulacro.

Hecho esto diga en voz alta una vez más (pero en forma más breve) las resoluciones o consejos que en esta sección usted impuso al simulacro.

De nuevo desarrolle la fórmula uno.

(Esto concluye la fórmula tres. Todo lo que le ha dicho al simulacro será ahora asimilado por su Yo inferior). Aún si no tiene problemas como los ilustrados en este capítulo, deberá usar la fórmula tres de vez en cuando con un trato conveniente y más general hacía el Yo inferior. No sólo es una forma excelente de mantener comunicación con el Yo inferior: Tal vez, y aún más importante, la función de esta fórmula es mantener consciente la mente racional de su responsabilidad y su relación correcta con el Yo superior. Es lo mismo dentro de los niveles de la psiquis como en las actividades humanas: Debemos aceptar la responsabilidad por aquellos menos maduros o menos capaces de organizar su propia vida efectivamente, pero sólo podemos ejercer esta responsabilidad en forma correcta si la mente razonadora acepta a su vez la guía de una autoridad más elevada que ella misma.

Una observación que puede hacerse acerca de esta fórmula, es que no le deja ninguna oportunidad al Yo inferior de responder a las amonestaciones que le son dadas. Cuando el simulacro ha sido reabsorbido no esperamos, como lo hacemos después de reabsorber al observador, para que sus impresiones se eleven a nuestra mente consciente.

De igual manera, un doctor no trata una vacuna de la misma forma que trata un forúnculo. El, en el caso de la vacuna –y usted, en el caso del simulacro– intentan que la "dosificación" se quede adentro.

Pero, ¿necesita el Yo inferior "dialogar" con su educación?

Es posible. También necesitamos aprender cómo ayudarlo mejor si permitimos que responda por si mismo. Sin embargo, debe recordarse que el lenguaje natural del Yo inferior no es expresado realmente en palabras sino en símbolos; por esta razón puede expresarse con más claridad mientras dormimos, y la conciencia es receptiva a las imágenes de sueños. Sólo ocasionalmente se manifestará en el lenguaje verbal cotidiano.

Por esta razón, si usted está reeducando su Yo inferior en forma significativa, es importante tomar dos medidas adicionales.

- Primero: Grabe un cassette donde dirá repetidamente los puntos que quiere que asimile su Yo inferior.

- Segundo: Mantenga un diario de sus sueños.

Escuche la grabación antes de ir a dormir. Lo ideal sería recapitular mentalmente sus instrucciones para su Yo inferior mientras dormita; pero la mente es propensa a vagar a tal hora, y el Yo inferior, el recipiente proyectado, tiende a intervenir y hacerlo decir algo que usted no proyectó. Por esto es más seguro recibir el mensaje correcto grabado en el cassette. Durante la grabación utilice oraciones elementales cortas –usted no le está hablando a su intelecto– y repítalas cuantas veces pueda durante la duración del cassette. Grábela con una voz clara, suave, gentil y amable. Si se siente descansado y lo ayuda a dormir, tanto mejor.

La grabación deberá cambiarse de vez en cuando según las necesidades. Lleve por escrito los registros de cada texto, con las fechas de primera y la última vez que lo utilizó; esto complementará su diario de sueños. Tomar nota de sus sueños podría sorprenderlo (especialmente si usted cree que no sueña) y sus sueños aparecerán tan pronto como sean "estimulados" por su atención. Mantenga papel y lápiz al lado de su cama, de modo que al despertar pueda anotar cualquier sueño recordado. Describa el sueño en pocas palabras al comienzo, luego haga una descripción detallada si es posible. No intente racionalizar. Durante el día lea de nuevo lo escrito. Reflexione en busca de más detalles o interpretaciones, luego escriba el sueño en el diario de los sueños: Relátelo en primera persona ("estaba parado cerca al mar ...") e ilústrelo si lo prefiere. Con el tiempo aprenderá a interpretar sus sueños.

Probablemente soñará de vez en cuando en su programa de proyección astral. Puede tener sueños que parecen claramente ser más que sueños, indicando que el proceso de "calentamiento" astral que ha emprendido ha inducido experiencia espontánea extra corporal. Si esto sucede, es bueno y alentador. No estará inclinado a descartarlo como fantasía, como pudo haberlo hecho en el pasado. Su mente racional sabe ahora que viajar astralmente es una realidad.

Sin embargo, persevere. Está llegando al principal objetivo de este libro, el objetivo de sus esmeradas prácticas y de tantas experimentaciones fascinantes: El logro de la proyección astral deliberada y voluntaria.

*Día y fecha: _____

*Día y fecha: _____

Fórmula tres
(Puntos importantes del mensaje dado hoy al simulacro).

Sueños

Grabación antes de ir a dormir
Si ha grabado un nuevo cassette, escriba los puntos
sobresalientes. Si no, escriba "como antes"

Ideas asociadas, posible interpretación

*Fechas cuando ocurren los sueños. La página derecha deberá indicar la fecha después de la fecha de la página izquierda.

Diagrama 3

La fórmula de simulacro deberá ser usada a diario por lo menos dos semanas. Durante este tiempo no se deberá practicar la fórmula dos. Después podrá usar la dos o tres a su voluntad. Si ninguna fórmula está siendo usada por alguna razón, entonces deberá seguir las instrucciones dadas al final del capítulo 4 para uso de la fórmula uno con o sin exteriorización de la sustancia astral.

El diario de sueños

En la página anterior se sugiere cómo diseñar un diario de los sueños para ser usado junto con la fórmula tres y la grabación para la hora de acostarse. El objetivo es percibir cualquier respuesta que pueda ocurrir en los sueños de los mensajes del día anterior hacia la mente inconsciente.

Es importante anotar el día y la fecha, debido a que ciertos patrones de asociación a menudo revelan contenidos emocionales ocultos.

Repaso temporal

La fórmula tres, o la fórmula del simulacro, tiene gran valor al tratar con los "problemas" que usted desea, pero deberá en cualquier caso, ser usada regularmente en esta etapa en el programa, por su valor en juntar los tres niveles de la psiquis: El Yo superior, la mente racional y el Yo inferior.

—La fórmula tres contiene el uso de la fórmula uno, la exteriorización de la sustancia astral, su formación, su envío a una distancia, hacerla volver, reabsorberla, recoger impresiones de ella. Posturas: De vara y egipcia.

—Con respecto a esta fórmula se recomienda la grabación de un cassette para escucharlo antes de ir a dormir y mantener un diario de sueños.

—En este se dan instrucciones para: evitar agotamiento de energía y dar energía a voluntad.

—Continúe la dieta balanceada y el ejercicio físico.

—¡Practique la fórmula uno todo el tiempo!

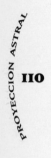

Notas

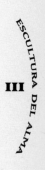

6

EXTRACORPORAL

— PERSPECTIVAS

La proyección astral voluntaria y completamente consciente:

1-Cuando su diario muestra algunos sueños de "tipo proyección", cambie la grabación para escuchar antes de ir a dormir. Como resultado usted:

a- Logrará control sobre las proyecciones de sueño.

b- Dará las instrucciones a seguir al Yo inferior durante tales proyecciones de sueño.

c- Hará que el retorno de la proyección al cuerpo físico sea suave y fácil.

2- ¡No confunda las proyecciones de sueño con la verdadera proyección astral consciente!

3- Practique la proyección de conciencia imaginaria:

a- Con la ayuda de una planta, acuario o foto, entre en una escena visible.

b- Adapte su presencia imaginada a un tamaño y condición adaptada a la escena.

c- Actúe dentro de la escena, como si fuera un actor en una obra –hágalo más real–. Sienta los elementos de la escena en su piel, oiga sonidos, huela, muévase etc.

d- Vuelva a la conciencia normal sintiéndose relajado. ¡Usted ha estado de vacaciones!

4- La imaginación trabaja en y a través del cuerpo astral. El ejercicio anterior le da práctica a su Yo inferior en el manejo de datos separados que normalmente se transmiten a través del sistema neural del cuerpo físico.

5- Localice su centro de conciencia: ¿Dónde, en su cuerpo físico, se une su sentido de personalidad?

6- La fórmula 4 –proyección voluntaria y conciente–:

a- Asuma la postura de tierra.

b- Desarrolle la fórmula uno.

c- Emita un chorro de niebla gris plateada a una distancia conveniente por encima de usted.

d- Transfórmela en una figura clave, en la misma postura que usted, y mirándolo. Nota: ¡No la forme como el simulacro!

e- Intensifique su conocimiento de individualidad en su centro de conciencia a un sólo punto.

f- Mentalmente transfiérase a la figura clave.

g- Imagine que usted, concentrándose sólo en el punto de conciencia ("e") está deslizándose rápidamente hacia arriba, hacia la figura clave, y entrando a ella en el punto correspondiente a su propio centro de conciencia.

h- Ahora, "gire a su alrededor" dentro de la figura clave y vea la habitación –mire a su cuerpo físico abajo que está frente a usted–.

i- "Siéntese dentro" del vehículo astral (la figura clave) –localice sus manos, pies, etc.–.

7- Retorno desde el vehículo astral:

a- Gire a su alrededor (gire el vehículo astral en el cual se encuentra) de modo que esté mirando hacia arriba en la postura de tierra, a unos 8 pies (3 mts.) por encima de su cuerpo físico.

b- Sea consciente una vez más del vehículo astral.

c- Metido en el vehículo astral, descienda lentamente dentro de su cuerpo físico.

d- Sienta la presencia de su cuerpo físico.

8- Si cree que no está progresando la proyección astral, vuelva a revisar el programa en busca de fallas. ¡No hay ninguna razón para que no tenga éxito! Las fallas más frecuentes son el letargo físico y la negación mental:

a- La dieta balanceada y el ejercicio físico deberán mantenerse a la perfección. El consumo

de alcohol y tabaco tendrían que ser reduci-
dos, o eliminados, para algunas personas.

b- Puede necesitarse la disciplina. Es importante repetir las prácticas del programa.

c- Negación mental: Su mente racional puede
todavía negar la realidad de la proyección
–influida por temor o incluso por amor– como
en el caso de algún ser querido que no aprue-
ba su trabajo de proyección astral. La fórmula
de simulacro debe ser usada para guiar al Yo
inferior suavemente a una actitud más segura
de si mismo y espontánea.

9- Algunas personas utilizan ayudas materiales en
su trabajo de proyección astral. Estas son usadas
como una clase de "código" para el Yo inferior.

a- Antes de asumir la postura de tierra, puede
colocar en la frente entre las cejas una pizca
de aceite de jazmín –el área del "tercer ojo"–.

b- También puede quemar un incienso compuesto de goma de mascar, aceite de jazmín y raíz
orris en polvo.

c- La absoluta regularidad de la rutina –la hora y
lugar, ropa, etc.– también actúa como un
"código" que alerta al Yo inferior.

EXTRACORPORAL

En este momento usted ha podido experimentar, de una forma u otra, la exteriorización de la sustancia astral. Está acostumbrado a usar la formula del simulacro, y una vez cualquier obstáculo personal inicial haya sido superado, tendrá una fórmula valiosa para usarla libremente en la educación de los diferentes niveles de su psiquis.

También se ha acostumbrado a usar la fórmula del observador, así que sabe por experiencia que una forma de sustancia astral puede viajar lejos de su cuerpo físico, es capaz de percepciones sensoriales, y puede ser recobrada sin dificultad. Al verificar las impresiones traídas por el observador, podrá asegurarse de la realidad de la forma astral y sus viajes.

Si su diario de sueños revela sueños de "tipo de proyección", grabe un nuevo cassette para escucharlo antes de dormir con afirmaciones tales como:

- Si yo viajo fuera de mi cuerpo durante el sueño, yo tomaré control deliberado de la situación.
- Si estoy desnudo, me vestiré con prendas astrales.
- Si estoy volando, determinaré mi dirección y mi lugar de aterrizaje.
- Si encuentro a otras personas, enseñaré y ayudaré a aquellos que lo necesiten, y trataré de aprender de los que son más sabios que yo.

Las palabras exactas deben por supuesto depender de sus propias necesidades. Soñar que se encuentra desnudo, conocer otra gente y apartarse con rapidez de su compañía o (con frecuencia) despertarse de un salto, es una señal común de proyección astral involuntaria. La conciencia inferior, antes de ser entrenada en la formación de su vehículo, tiende naturalmente a olvidar detalles como la ropa. La conciencia inferior, después de todo, es con lo que usted vino al mundo; pero entonces, al encontrarse con otras entidades, un conocimiento social más maduro se impone El "salto" peculiar del despertar es otra señal, un súbito tirón de la sustancia astral hacia su cuerpo. Si el durmiente puede tomar control de la situación conscientemente, esto puede evitarse.

Poder identificar una proyección astral durante el sueño, es decir, hacer que la mente racional dirija lo que de otro modo podría ser divagaciones sin objetivo y puramente instintiva, es buena práctica. Sin embargo, todavía no debe confundirse con el verdadero objeto de sus esfuerzos, es decir, la salida decidida a plena consciencia en un vehículo astral deliberadamente formado, el desempeño de una serie proyectada de actos mientras se está en proyección, y el posterior retorno deseado al cuerpo físico.

Proyección imaginaria de la conciencia

Al igual que en otras etapas de este programa usted ha empezado a imaginar algo que después llevará a cabo, ahora va practicar en la proyección imaginaria de la conciencia. Esta experiencia también tendrá valor en la vida diaria. En ocasiones cuando no tiene tiempo ni necesidad de proyectar un vehículo astral, puede ser relajante desligarse durante unos pocos minutos de su cuerpo físico al enviar su conciencia imaginativamente en una situación de aventura agradable o de reposo.

Todas las personas logran alcanzar este estado sin incluso pensar en ello. ¿Por qué colgamos en las paredes cuadros de paisajes agradables, formas humanas atractivas, o animales con los cuales sentimos alguna afinidad particular?

Un cuadro, preferiblemente un paisaje, puede ser utilizado para la práctica en la separación de la conciencia del cuerpo, pero como primer ejemplo consideremos algo más que pueda estar en su hogar: Una planta (preferiblemente que muestre bastante tierra en la base del tallo principal o sin muchas hojas) o un acuario con plantas acuáticas y rocas.

—La planta: Siéntese cerca de la planta, si es posible de manera que el borde de la maceta esté debajo del nivel de los ojos. La conciencia no está de ningún modo limitada a las dimensiones del cuerpo físico, así que a medida que deja su mirada viajar lentamente tallo arriba puede imaginarla que es un enorme árbol tropical o prehistórico. Imagínese de pie justo dentro del borde de la maceta; usted va hacia adelante cuidadosamente sobre los enormes gránulos de tierra o rocas hasta llegar al árbol. Si quiere, siéntese al pie de él y míre el follaje; tal vez le gustaría trepar, e ir de rama en rama, o estirarse a lo largo del tallo entre las hojas. Quizás prefiere volar como un pájaro sobre la copa y posarse allí. Si su planta tiene flores, puede explorarlas como una abeja o un colibrí.

Cualquier cosa que haga, descanse allí un rato, disfrutando realmente esta nueva experiencia; sea consciente de usted mismo en ese escenario, sienta las hojas y flores a su alrededor. Cuando quiera regresar, hágalo de la manera en que se fue, una vez más, la abrupta transición debe ser evitada. Traiga un recuerdo de frescura, paz y belleza y, tal vez, de una fragancia dulce o floral.

—**El acuario:** Siéntese al lado de un acuario. Imagínese del tamaño de un pez pequeño capaz de nadar a través del tanque y disfrutar de la sombra de las plantas acuáticas. Luego sienta, inconscientemente, como otro pez frota su costado. Mírelo a los ojos y note cómo le devuelve la mirada sin expresión pero en alerta total. Observe su despreocupación y pasividad, aunque con cada aleta lista para un cambio instantáneo de dirección. Tome parte en el repentino baile espontáneo de los dos o tres peces que están sobrecogidos por un éxtasis impulsivo del turbulento movimiento rítmico; disfrute este estado de conciencia, y regrese tranquilo y fresco.

—**El cuadro:** Deberá actuar similarmente con una escena en dos dimensiones. Si es un paisaje, véalo de tamaño natural. Como un ser humano, entrará en ese campo; cruzará un riachuelo o tal vez caminará río arriba; se sentará debajo de un árbol; trepará esa colina y contemplará una vez más el paisaje desde la cima ... su imaginación, ayudada por datos de todo el escenario natural que ha explorado, deberá crear la sensación de la brisa en su piel, el canto de los pájaros, el olor del pasto y las plantas silvestres bajo el sol.

La evocación de diferentes datos de los sentidos, que depende de la imaginación, tiene considerable importancia: La imaginación trabaja en, y a través del cuerpo astral. Su Yo instintivo inferior está habitualmente preocupado en el manejo de los datos de los sentidos traídos del mundo material por el sistema neural, pero tiene poca práctica, fuera de los sueños, en el procesamiento de datos fuera del sistema neural. Por medio de las prácticas imaginativas, su cuerpo astral y su sustancia se acostumbrarán a emplear no sólo la facultad de la vista, sino las facultades de otros sentidos también, por otra parte, cada una de estas prácticas, proyectadas para que produzcan efectos en la imaginación, tienen peculiaridades que deberán distinguir claramente sus resultados de los de la verdadera proyección en un vehículo astral.

Sin ninguna duda, usted sabrá cuando ha logrado la proyección. Es diferente del sueño, de cualquier uso "fingido" de la imaginación, no obstante vivido. Usted sabrá que está completamente despierto. Sin embargo, la calidad de lo logrado puede ser mejorado por una práctica preliminar.

Con estas prácticas imaginarias, aprenderá que su conciencia puede sumergirse en una actividad que no involucra el cuerpo físico, aún cuando en los ejemplos dados hay información de los sentidos presentes como una serie de estímulos de guía. La vista, el oído, el tacto, el olfato y el gusto pueden tener una realidad muy aparte de cualquier empleo de los sentidos físicos. Es posible que los resultados de estos juegos sensoriales imaginarios estarán reflejados en los contenidos de su diario de sueños.

Cierta gente sólo sueña en blanco y negro, algunos nunca sueñan escuchando sonidos; soñar con un olor o sabor no es muy común. Sin embargo, las texturas y la sensación de contacto son comunes. ¿Ha descubierto que sus sueños involucran el color, la música, tal vez incluso los perfumes? ¡Es emocionante! Sin embargo, mientras explora estos asuntos, el uso de la fórmula dos o tres, o, al menos, de la fórmula uno, deberá continuar como en las instrucciones anteriores.

Su centro de conciencia

Una pregunta más queda por contestar, y nadie sino usted puede determinar la respuesta correcta en su caso particular:

Cuando se está en estado de conciencia normal, despierto en su cuerpo físico, y algo exige un esfuerzo, ¿a qué punto en su cuerpo, su sentido de personalidad individual parece vincularse?

En otras palabras, cuando usted dice "yo mismo" ¿cuál le parece que sea la localización del "yo"?

Esto varía de una persona a otra, pero probablemente será uno de los siguientes: La frente, los ojos, la garganta o el plexo solar. Además, esta cuestión no tiene que ser decidida "de una vez por todas". Puede, después de alguna experimentación, analizar, que su primera decisión no fue la correcta; o puede sentir que fue correcto comenzar con ella, pero a medida que el tiempo ha pasado, ha tenido lugar un cambio y, con desarrollo progresivo, su centro de conciencia ha cambiado.

Tal posibilidad es completamente válida y razonable; todo lo que es requerido es que se deberá mantener un conocimiento de lo que para usted es la respuesta correcta en cualquier momento dado.

Fórmula cuatro

Proyección voluntaria de la conciencia. (A desarrollar en su área de proyección escogida).

Acuéstese en la postura de tierra (notará que esta práctica es desarrollada en una postura diferente de las anteriores).

Desarrolle la fórmula uno. (Haga esto exactamente como si estuviera de pie; por ejemplo, al final del procedimiento "la fuente de luz" viajará horizontalmente desde sus empeines a su cabeza, se dividirá al pasar su corona y pasará fuera de sus brazos a sus pies otra vez).

Envíe un chorro de niebla gris plateada a una distancia conveniente por encima de usted. Se deberá transformar en una nube pequeña en la distancia. Deberá incrementarse rápidamente en tamaño por la presión sostenida en el momento de la expulsión, y deberá volverse más definida hasta que tome su propio tamaño y forma. Usted deberá formarla como la "figura clave", descrita previamente, en su misma postura y mirando hacia usted. (Flotará en el aire sobre usted, en posición horizontal, mirándolo hacia abajo, pero no será una réplica exacta de usted como lo es "el simulacro". Será la versión simplificada llamada la "figura clave").

Mantenga la figura claramente en visualización así como su hilo conector, y, mientras lo hace, intensifique su conciencia de individualidad en su "centro especial de conciencia". Continúe hasta que tenga un claro sentido de "presencia" en ese punto particular.

Luego esté consciente del punto correspondiente en la figura clave.

Decida en forma enfática (mentalmente) transferirse al vehículo astral. Después de haber tomado la decisión, imagínese concentrado en su único punto de conciencia, deslizándose rápidamente hacia arriba, hacia la figura y entrando a él en el punto correspondiente a su centro de conciencia.

Ahora haga un esfuerzo mental deliberado para "dar vuelta" en la figura, para ver desde su punto de vista. ("Vea" la habitación desde alguna parte cerca del techo –incluyendo su cuerpo físico que yace debajo de usted que lo mira flotando en el techo–).

Este cambio de perspectiva es el punto crítico para asegurar una verdadera transferencia de conciencia. Habiéndolo logrado, se "sentirá dentro" del vehículo: Localice sus pies, manos, etc. (Esto es difícil de describir. Es como despertarse de un sueño pesado y volver a estar consciente de su cuerpo).

¡Después de lograr transferir la consciencia por primera vez, no intente hacer más al respecto! Ahora el retorno no presentará ninguna dificultad. En teoría, usted –su presencia astral– deberá estar mirando hacia arriba a unos 8 pies (3 mts.) directamente sobre su cuerpo físico. Deberá renovar su conciencia del vehículo astral (para estar consciente de llevarlo consigo), y deberá entonces sumergirse lenta y voluntariamente, hacia y dentro de su cuerpo físico. Después de un breve intervalo, deberá estar consciente de la nueva conciencia sensorial de su cuerpo físico –como si despertara del sueño–. En la práctica, al menos durante un tiempo, tan pronto como se acerque a su cuerpo físico se encontrará espontáneamente reunido con él.

Después de practicar esta fórmula, quizás no tenga éxito en el primer intento. Es el cambio de perspectiva, el "dar la vuelta", lo que realmente asegura el éxito. Puede tratar de alinearse con el vehículo astral para lograrlo, pero no lo intente cuando la concentración le causa fatiga. En la siguiente sesión de práctica, proceda con igual cuidado y benefíciese de su acrecentada experiencia.

Algunos tienen éxito en el primer intento, otros necesitan más práctica. Las fórmulas deberán ser continuadas, de modo que sus esfuerzos sean balanceados, saludables y vitales.

Cuando logre su objetivo, los resultados pueden ser tan naturales que fácilmente pueden pasar unos segundos antes de comprender lo que ha sucedido.

Disfrute de estas primeras experiencias. En esta etapa probablemente estará muy feliz de "caminar" en su forma terrenal. No se acerque demasiado a su cuerpo físico hasta que quiera volver, o podrá "volver de repente" e inadvertidamente. Tampoco se quede "afuera" durante mucho tiempo.

El sentido del oído se verá disminuido al crear una espantosa sensación de soledad que puede descender con una súbita sensación de pánico. Esto podría desanimar al individuo, antes de que tenga la experiencia necesaria y el poder de coordinación para viajar y tratar de hacerse presente ante el objetivo deseado (ej. ante un amigo). El resultado puede ser un desagradable susto para el amigo si se tiene éxito, y considerable desconcierto y tal vez agotamiento para usted si fracasa. Así que tómelo con calma hasta que esté seguro de sus facultades astrales.

Recuerde –su vehículo astral está hecho de sustancia que (su naturaleza) responde más rápidamente a un impulso emocional que a una dirección racional–. Necesita entrenamiento, y usted necesita práctica para dirigirlo.

Una cosa que necesita saber al comienzo es como concluir cualquier sesión de práctica cuando, por cualquier razón habiendo exteriorizado la sustancia astral *no* transfiere su conciencia al vehículo astral.

En ese caso, debe reasimilar la sustancia que ha exteriorizado. Si la ha formado en una figura clave, vuelva a convertirla en una nube humeante, y luego proceda a reasimilar la nube –como en las otras fórmulas–.

Hay una excepción a esta regla. Si, después de expulsar la sustancia astral –ya sea que llegue hasta formar la figura clave o no– usted no completa su práctica proyectada porque se ha dormido, no hay necesidad cuando despierte de reabsorber ninguna sustancia astral, porque lo habrá hecho instintivamente durante el sueño.

Esto se aplica a la sustancia astral exteriorizada en el transcurso de cualquier práctica dada en este libro, pero se menciona especialmente aquí porque la postura de tierra asumida para la fórmula cuatro hace más frecuente que la persona se duerma durante esta práctica que durante cualquier otra posición.

Si logra transferir su conciencia al vehículo astral, aún sólo un momento, no hay por supuesto necesidad de reasimilar la sustancia astral. Su retorno se hará junto con el vehículo astral ya sea que regrese voluntariamente o si "regresa de repente". En cualquier caso, si después de una reasimilación, o después de un "regreso brusco o de repente" (caminando o durmiendo) se siente un poco "mareado", ponga en práctica la fórmula uno. Se sentirá muy bien.

Se recomienda que al practicar la fórmula cuatro, como todas las otras prácticas que involucren la expulsión de la sustancia astral, sea efectuada con la ropa más holgada posible o si no, sin ninguna ropa. Esta carencia de constricción facilitará la reabsorción.

La fórmula cuatro es un método de proyección astral que ha traído rápido éxito a un gran número de individuos. Aquellos que no lo han logrado deberán repasar el programa. Los problemas más frecuentes son el letargo físico y la negación mental. La dieta balanceada y el ejercicio físico deberán ser continuos. Aveces el alcohol o el tabaco causan problemas. Es más frecuente en el caso de los vegetarianos que de los herbívoros.

En cuanto a la negación mental: Si, después de la experiencia con la sustancia astral, la mente racional continúa negando la evidencia (y sabemos que esto puede suceder), entonces el tratamiento deberá ser con la fórmula del simulacro.

¿Cómo puede ser posible si el propósito de la fórmula del simulacro es reeducar al Yo inferior?

El Yo inferior es emocional e intuitivo; el problema aquí es cuestión de la razón.

¡No se sienta defraudado! ¿Podría la facultad de raciocinio negar la razón? El razonamiento más lógico puede perderse, si su lógica empieza con una premisa falsa. La información con la cual la mayoría de las personas empiezan su raciocinio es dictado, al menos en parte, por instigaciones emocionales. Hasta cierto punto, esto es lo que nos hace seres humanos en lugar de robots computarizados. Esta es la razón por la cual debemos mantener el hábito de razonamiento en guardia para que los "datos" emocionalmente seleccionados no nos atrapen en actitudes que lamentemos después.

Si después de experimentar la proyección astral todavía encuentra que su "mente racional" insiste en negarlo, no deberá continuar golpeando su mente con lógica, sino que deberá investigar lo que está ocurriendo.

¿Cuál es la emoción involucrada? ¿Amor o miedo?

Cualquiera puede ser. Quizás una persona cercana le ha insinuado que tal experiencia es falsa y ha causado por lo tanto contradicción en su forma de pensar.

Sin embargo, algunos con temperamento ritualista, emocional o sensitivo, podrían necesitar más ayuda material para acompañar sus prácticas en la proyección astral. Un olor o un sonido, pueden ser establecidos como un código con el nivel instintivo de la psiquis (logrado con una explicación simple al simulacro) para indicar que la hora de la práctica diaria ha llegado. (Estas ayudas no son esenciales, y nunca deberán ser consideradas como tal, pero pueden comunicarse muy rápidamente con el Yo inferior). Si desea quemar un incienso, un compuesto de goma de lentisco, aceite de jazmín, y raíz de orris en polvo será una mezcla conveniente. Una pizca de aceite de jazmín puede ser aplicada en la frente antes de asumir la postura de tierra. Esta fragancia en particular tiene una tradición de ser usada para ese propósito.

En cualquier caso, el mejor plan para la proyección astral es establecer hasta donde sea posible una regularidad de rutina absoluta. El Yo inferior es una criatura de hábito, de tradición y de precedente. Mantenga esta regla y le dará buenos resultados.

Repaso temporal

Hasta ahora ha venido usando la fórmula tres. Ha llevado un diario de sueños, y escuchado las grabaciones antes de ir a dormir. Además de la fórmula tres (después de las primeras dos semanas), puede de vez en cuando usar la fórmula. Si alguna causa evita el uso de la fórmula dos y tres, entonces practique la fórmula uno con o sin la expulsión de la sustancia astral. Esta rutina es buena hasta que se tenga éxito con la fórmula cuatro

Junto con lo anterior realice lo siguiente:

—Escuche una nueva grabación, según se sugiere en el texto.

—Practique la proyección imaginaria de la conciencia.

—Encuentre su centro de conciencia.

—Cuando esté listo, proceda con la formula cuatro. Esta contiene la postura de tierra, la fórmula uno, la exteriorización de la sustancia astral, la formación de la figura clave, y proyección de la conciencia al vehículo astral. Note también la técnica para el retorno.

—Si no tiene éxito, recuerde reabsorber la sustancia astral. Mantenga la dieta balanceada, el ejercicio físico y el programa diario. Repase (y si es necesario reprograme) el trabajo con el simulacro. Sea paciente y perseverante.

—Después de lograrlo, mantenga el estilo de vida y las prácticas astrales: sobre todo, la fórmula uno. ¡Le aguarda más aventuras!

NOTAS

7

MUNDOS ASTRALES

— PERSPECTIVAS

Oportunidades en la proyección astral:

1-Desarrollando sus capacidades astrales, podrá mejorar el uso de las correspondientes facultades en el cuerpo físico –la vista, el oído, etc.–.

2-Al trabajar con el cuerpo astral, podrá influenciar el cuerpo físico, y también establecer patrones emocionales (energía) dando como resultado la superación personal.

3- Durante la proyección, puede "transmitir sustancia astral a través del hilo físico hasta el vehículo astral y viceversa:

a- El transferir mayor cantidad de sustancia astral al vehículo astral lo acercará al nivel de tierra. Esta condición le permite transferir energía para la curación, o para la comunicación en general.

b- La menor transferencia de energía al vehículo astral le permite subir a niveles más altos del mundo astral.

4- Lograr visitar a una persona o lugar de interés en el nivel astral, y explorar más a fondo mientras todavía se relaciona con la misma escena, le proporcionará más energía por la experiencia adquirida.

5- Una pareja puede llevar a cabo el viaje astral:

a- Usted puede ayudar a otra persona en su proyección.

b- Puede visitar a otra persona.

c- Pueden viajar y experimentar juntos.

6- ¡El sexo astral es un éxtasis!

a- Mientras está en lo astral, puede visitar a otra persona que está todavía en el cuerpo físico.

b- Una mujer en lo astral puede tomar sustancia de un hombre en lo físico, entrar en contacto muy cercano con él, y experimentar placer sexual.

c- Un hombre en lo astral está más limitado, y no puede –mientras esté en lo astral– experimentar un orgasmo con una compañera física. Pero él puede, como la mujer, visitar y experimentar placer emocional.

d- Sin embargo, un hombre y una mujer capaces de proyectarse pueden encontrarse en sus cuerpos astrales y disfrutar mayor placer de lo que es posible en el sexo puramente físico. Ellos pueden fusionarse completamente, "ardiendo como una sola llama", pueden experimentar deleite en cualquier parte del cuerpo; pueden hacer que las fantasías se vuelvan experiencias compartidas "reales"; y pueden experimentar más en forma de unión sin la limitación de lo físico.

e- Hay experiencias puramente astrales –incluyendo el beso astral–.

f- El sexo astral puede clarificar la relación física –abriendo áreas de comunicación limitadas en lo físico, y a través de tales cosas como tensiones de liberación y fantasías que las inhiben a niveles físicos.

Mundos astrales

Ahora que tiene la habilidad consciente de abandonar su cuerpo físico hacia un vehículo astral, ha llegado el momento de no perder más tiempo del estrictamente necesario.

¿Cuál es el siguiente paso?

El siguiente paso puede ser entrar a su propia conciencia a donde quiera que pueda haber enviado habitualmente a un observador. La razón para esto es que su Yo inferior (y por lo tanto su vehículo astral) ya tendrá una idea clara del viaje de ida y vuelta. Las impresiones traídas por su observador le darán una idea de cómo es ese lugar desde un punto de vista astral. Esto puede ser diferente del concepto material. Puede encontrar, por ejemplo, que está viendo objetos materiales en algo muy parecido a la llamada "perspectiva invertida" que es común a las pinturas orientales y europeas tradicionales: Es decir, puede ver más redondo los lados del objeto comparado con la perspectiva física normal. Las razones para esto son complejas, dependiendo en parte de la naturaleza del mundo astral, y en parte de la naturaleza de su vehículo astral cuyo "poder visual" está parcialmente limitado por su hábito físico, pero en efecto es capaz de darle un campo más amplio de visión.

Podría descubrir, para su desconcierto, que algunas veces puede ver "detrás de la parte posterior de su cabeza" cuando se encuentra en su vehículo astral. Puede acostumbrarse a esta interesante facultad, que ocurrirá sólo cuando quiera saber lo que está detrás de usted; o, si lo perturba demasiado, puede decidir

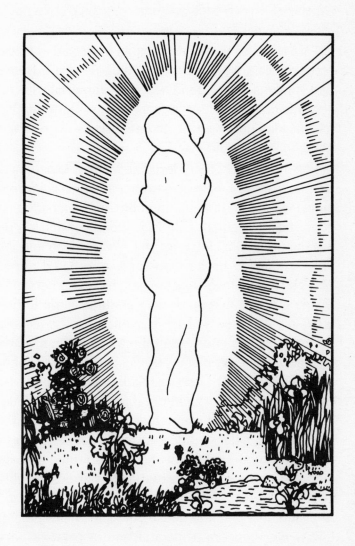

ver sólo como lo hace en su cuerpo físico. Alguna gente decide imaginar su "figura clave" vistiendo una especie de toga o capa con una capucha puesta hacia atrás de su cabeza.

Para aquellos que tienen alguna incapacidad física, corto de vista, sordera o la pérdida de una extremidad, ninguna incapacidad necesita ser reproducida en el vehículo astral. Por el contrario si tiene alguna incapacidad puede en efecto beneficiarse al no imaginarla en su vehículo astral.

Los hospitales han descubierto por experiencia propia, la importancia de entrenar a personas incapacitadas por la pérdida un miembro, manteniendo una conciencia imaginativa de la realidad continuada de ese miembro. Sin embargo, en casos como la miopía, la investigación no ha sido suficiente. Usted puede hacer su propia investigación para beneficio personal. Puede acarrear más valor y determinación de lo que inicialmente espera. Una persona que ha estado durante muchos años acostumbrada a algún nivel de invalidez, como problemas de visión o auditivos, tiende a dejar de mirar o escuchar, como sea el caso, para evitar el golpe emocional del fracaso. En otras palabras, el Yo inferior ha empezado a "censurar" intentos en la dirección del sentido deficiente, para evitar desilusión o humillación (o incluso sentimientos de culpa, si un niño ha sido castigado por desatención cuando la verdadera causa es la incapacidad); siendo el resultado a menudo que la condición física progresivamente empeora a medida que la persona hace cada vez menos esfuerzo para utilizar la habilidad que él o ella tiene.

Es fácil de advertir cuando un nuevo incentivo o estimulación puede influir en la persona para que desarrolle el sentido "incapacitado" a su máxima capacidad en el vehículo astral.

Habiendo ganado destreza a través de la práctica y control del vehículo astral durante viajes cortos y conocidos, ahora podrá viajar muy lejos. Manténgase en principio en el nivel terrestre, que es suficientemente grande para mantenerlo ocupado por un tiempo considerable.

Quizás necesitará aprender a regular la cantidad de sustancia astral que lleva en sus viajes.

Con frecuencia, los principiantes tienden a exteriorizar una gran cantidad innecesaria de sustancia astral para la creación de su vehículo. Lo mismo se aplica, algunas veces, a la fórmula del observador. En cada caso podría encontrarse en una situación embarazosa, cuando aquellos que no tienen notables habilidades psíquicas se enteran de sus actividades que no había planeado proyectar. Otros podrían ser más psíquicos de lo que usted pensaba. Si este es su caso, quizás está empleando demasiada sustancia astral. Si desea escapar de la atención de los que están "físicamente conscientes", su mejor plan es usar menos sustancia astral.

Por otra parte, si mientras está en su vehículo astral desea realizar alguna "curación" (sustancia astral o energía) será necesario en tal caso tener disponible un suministro más grande de material astral del que se ha equipado. Tráigalo a través del hilo desde su cuerpo físico por medio del esfuerzo imaginativo de "desearlo", acompañado con la sensación de que está sucediendo. El lenguaje humano es más bien deficiente en palabras apropiadas para describir cualquier experiencia puramente astral, de modo que estas comparaciones sólo pueden ser una guía general a las sensaciones y técnicas que fácilmente aprenderá por experiencia.

En cuanto al método de transferir energía a alguien, la forma más segura de hacerlo es como usted lo haría si estuviera en su cuerpo físico: Es decir, dirigirla a través de las manos de su vehículo astral de la misma forma como la dirigiría a través de sus manos físicas. Sin embargo, una probable diferencia es que cuando lo haga en un estado de proyección astral, la energía o sustancia que está enviando le será visible sin esfuerzo en la visualización.

En algún momento en sus exploraciones astrales, quizás deseará ver algún "elemento original" del mundo astral. Gran variedad de éstos elementos el maravilloso ámbito del mundo astral. Las partes desagradables de la entidad mencionada en la Pregunta 4 del Capítulo 2, probablemente casi nunca van a ser encontradas en la proximidad humana, del presente o del pasado. (Esta consideración nos lleva a uno de nuestros "problemas de polución" no físicos que irían más allá del tema de este libro, pero que daremos alguna idea de ello). Así que si quiere encontrarse con estos "elementos", viaje astralmente a una región apartada. Un viajero astral experimentado podría ir a un lugar escogido físicamente, y luego proyectarse, dejando su cuerpo físico en una cama de hotel, pero es aconsejable hasta que tenga bastante práctica, dejar su cuerpo sólo en su área de proyección.

Cuando se encuentre en su vehículo astral, envíe de regreso algo de su sustancia astral "por el hilo" para poder movilizarse a niveles menos materiales. No exagere esta práctica. Recuerde, los diferentes "niveles" en el mundo astral *no* son como los niveles que usted cruza en un ascensor. Donde quiera que pare en el Mundo Astral, encontrará que está en alguna parte. Hay unos puntos que debe conocer, cuando lleve a cabo sus primeras exploraciones lejos el nivel terrestre.

Primero: Mientras más lejos viaje del nivel terrestre, más material astral enviará de vuelta, y su forma de movimiento cambiará comparado con los movimientos físicos. Un ejemplo similar en la vida física se presenta cuando escalamos una montaña. En la cima de la montaña terrenal sólo podemos deshacernos de parte de nuestro equipo, pero no podemos reducir el volumen de nuestros cuerpos terrenales para enfrentar las nuevas condiciones.

Algunos viajeros astrales, en efecto, nunca son conscientes de enviar sustancia astral de vuelta por el hilo; hay muchos que nunca incluso piensan en el hilo. Si ellos desean alcanzar un nivel alto o menos físico, sólo "desean estar " allí y el acto de hacer la transferencia se encarga de la sustancia astral sobrante. Sin embargo encontrará que un movimiento mayor de deslizamiento tiene que ser adoptado para moverse en los niveles más altos.

Hay, en la práctica, limitaciones al ascenso en el mundo astral; y mientras estos límites dependan hasta cierto punto de su experiencia, también dependerán de la clase de persona que usted es. Llegar a los niveles más altos requiere alguna forma de dedicación y de un "desprendimiento de las cosas terrenales". Esto no es, para ser sinceros, una forma clara de estimar valores "morales" y es uno de aquellos casos en los cuales "lo que es correcto para uno es incorrecto para otro"; todos tienen que tomar una decisión individual.

EL glorioso mundo astral esta allí, habitado por seres fantásticos y exóticos, algunos intensamente hermosos llamados espíritus de la naturaleza. Hay entidades maravillosas resplandecientes llamados ángeles. Ellos están presentes en sus propios niveles, y con algunos se puede conversar: De algunos solo podemos maravillarnos.

Quizás se sorprenda por el hecho de que los "ángeles" son llamados "seres astrales". Esto deberá darle una verdadera idea de lo amplio, la belleza y grandeza del mundo astral y la emoción y aventura de explorarlo. Algunos ocultistas disfrutan al referirse a ciertos fenómenos como "sólo" astrales en un tono hiriente. O no saben de lo que están hablando, o están fingiendo un desarrollo espiritual que no poseen. Ningún santo verdadero, místico o adepto expresaría algo que no fuera amor, grandeza y reverencia para el maravilloso mundo astral. Esto es cierto incluso en el mundo material. Aún más, entonces, es cierto en el mundo astral.

El Qabalah, una guía venerable y precisa para todos los mundos que ha sido revisada y aumentada por sabios, escolares y videntes de diferentes razas y durante siglos, es clara en esos puntos. El mundo astral, en el lenguaje del Qabalah, es el mundo de

Yetzirah; los Angeles, las inteligencias y los elementos que forman parte de su mundo.

¿Qué pasaría si algunas regiones del mundo astral están fuera de mi alcance? ¿Qué evita que Yo llegue allí?

Es un proceso doble. A medida que se acostumbre a la exploración astral, podrá presionar su movimiento hacia regiones más lejanas, despojándose cada vez más de sustancia astral; como el alpinista que llega a la cumbre de la montaña. Es trabajo agotador. Con el tiempo se detendrá. Puede, si gusta, descansar en ese punto durante un rato, y luego retornar. Eso es sensato. Si usted trata de seguir adelante enviando de regreso aún más sustancia astral, puede fácilmente encontrar que no ha dejado la suficiente sustancia necesitada en la etapa de desarrollo personal. Mientras más grande es su grado de "progreso personal" o "evolución mística", necesitará menos sustancia astral para un vehículo adecuado. El significado de lo anterior en términos de poder verdadero, sólo puede descubrirlo a través de su experiencia.

¿Y suponiendo que inadvertidamente envío de regreso demasiada sustancia astral y no tengo suficiente para un vehículo adecuado? ¿Qué sucede entonces?

Usted volverá en un instante a su cuerpo físico, y muy probablemente con la clase desagradable de "retorno brusco" antes mencionado. Esto se relaciona también con el hecho de que si no expulsa suficiente sustancia astral inicialmente, no podrá moverse en su vehículo y probablemente no se transferirá a él. Su propia experimentación es la única guía segura para usted.

Ahora sabe algunos datos importantes acerca de la cantidad de sustancia astral que es deseable para su uso. Una mayor cantidad será excelente para cualquier cosa que involucre el nivel terrestre. Por ejemplo, si usted quiere comunicarse con una persona que está en su cuerpo físico, si quiere dar energía o sustancia astral a cualquiera que lo necesite, si quiere viajar a lugares terrenales o casi terrenales, o si como viajero astral muy experimentado desea visitar con buenas intenciones, y bien protegido, esas regiones contaminadas y corruptas del astral inferior que corresponden a los "infiernos" descritos en varias religiones –los reinos de pesadilla, y las moradas del horror conocidas por los alcohólicos, y adictos de algunos narcóticos. Los psicólogos dicen que estos son "puramente subjetivos". Tal vez lo fueron, en un tiempo, pero para la creativa psiquis humana, nada permanece puramente subjetivo durante mucho tiempo. Por esto nos referimos al astral inferior como "contaminado y corrupto".

En cuanto a la pregunta que se escucha con frecuencia: "¿Cómo pudo Dios haber creado ...?", es tan insensata como sería preguntar "¿Cómo pudo Dios crear plásticos contaminantes y nocivos?" Los seres humanos tenemos que aprender a ser responsables. Para lograrlo, naturalmente, tenemos que aceptar la responsabilidad y, aquí nuevamente, mirar hacia el mundo astral que nos enseñará como hacerlo.

Menos sustancia astral nos hace menos perceptibles a la gente en sus cuerpos físicos, incluso a los moderadamente psíquicos. Nos permite viajar más lejos y rápido, nos permite subir más alto. Como desventajas tenemos que reduce nuestro poder de acción hasta que aprendemos a actuar por métodos que son más mentales y espirituales, e incrementa nuestro peligro de "regreso repentino" al cuerpo físico.

Antes de continuar con la aventura astral para dos, hay otro tema que necesita ser tratado. Sin duda alguna existen ciertos seres benevolentes que toman un intenso interés en eventos que tienen lugar a niveles inferiores. Aveces "ellos" desean ayudar a algunos seres humanos que no han logrado desarrollar el poder suficiente para llegar a esos niveles. Usted puede, en efecto, en ocasiones ser despertado del sueño (o de una siesta) con el claro conocimiento de que está siendo llamado al mundo astral con intenciones de llevar a cabo una tarea. Desarrollar tal tarea es siempre remuneradora en términos de experiencia y madurez personal; también requiere por lo general un verdadero esfuerzo y gasto de energía, y puede en algunos casos ser emocionalmente angustioso. Su vehículo astral está hecho del material de su Yo emocional e instintivo, y por supuesto es de esperar que su visión de estos sucesos sean más emocionales y menos intelectuales de lo normal. Si aquellos ayudantes no pensaron que usted podía "hacerlo", no lo habrían escogido. De nada sirve tampoco preguntar por qué. En medio de todo el problema y sufrimiento en el mundo, algunos asuntos son tenidos en cuenta y otros no. Los ayudantes probablemente no son omniscientes; tal vez tienen intereses especiales en diferentes casos; tal vez no hay suficientes de ellos, muy probablemente no hay suficientes de nosotros los humanos que podamos ser efectivamente llamados para el trabajo astral; quizás también hay razones kármicas que no se nos dan a conocer. Sea cual sea la razón, hay algunos suicidios que podrían ser evitados, algunas muertes que tienen que ser mitigadas, algunas en sufrimiento sin sentido. Cuando se recurre a usted, usted será dirigido, entenderá que hacer, se le dará cualquier fuerza y protección que necesite, y será regresado después.

Y, descubrirá que todas las clases de gente son cariñosas y que usted no había pensado que pudiesen amar.

Viaje astral para dos

Parece natural que dos personas que comparten los mismos intereses y mantienen una relación cercana, puedan explorar y disfrutar el mundo astral en compañía. Este es el caso, mientras se sigan ciertas instrucciones.

Hay simples directrices que se aplican al tipo de relación entre la pareja: Ya sean amantes, amigos cercanos, hermanos, etc. Si uno de los participantes es más experimentado en el viaje astral que el otro, habrá poca dificultad: El experimentado puede abandonar su cuerpo y motivar telepáticamente al novato en la formación y proyección en su propio vehículo astral. Tan pronto como el aprendiz es "aerotransportado", la forma astral del profesor será claramente visible al recién llegado, de igual forma que la sustancia astral que usted transfiere le es claramente visible mientras está en su vehículo astral.

Se dice algunas veces que cuando un aprendiz recibe ayuda de un profesor en la proyección astral, su habilidad de realizar la proyección se verá afectada debido a su incapacidad de llevar a cabo el procedimiento sin ayuda. Esto, hasta donde sea cierto, puede no importarle a algunos que sólo quieren viajar juntos; pero la experiencia parece mostrar que el peligro sólo existe cuando el profesor ayuda en la verdadera formación del vehículo astral del aprendiz. Como ya se estableció en este capítulo, intentar la proyección en un vehículo astral inadecuado hace el viajar imposible sin posibilidad de una proyección astral exitosa. El aprendiz deberá desde el comienzo, expulsar su sustancia astral y desde ésta –y sólo desde ésta– deberá formar su propio vehículo astral. Además, el aprendiz deberá en cualquier caso mantener un régimen individual y practicar las fórmulas dadas en este libro. Ninguna experiencia ajena puede tomar el lugar del entrenamiento individual; la experiencia tiene que ser parte de la vida del aprendiz.

Hay más dificultades cuando los dos participantes son aprendices. Los beneficios de la práctica en compañía puede ser dudosa. Ambos pueden recibir ayuda mutua de otras formas –por ejemplo, pueden tomar turnos en enviar un observador, mientras que el que actúa como "huésped" puede tomar notas de los eventos del día de modo que las impresiones del otro pueden después ser verificadas; o, ¡si no se establece un tiempo específico para la presencia del observador, el "huésped" puede confirmar si la presencia del observador es detectada!– Con respecto al simulacro, nunca se deberán discutir los detalles que una persona comparte con su Yo inferior, con un amigo íntimo o pariente. Lea libros sobre psicología o sobre autohipnosis, comparta ideas con psicoterapeutas para adquirir mayor conocimiento; pero no discuta su debilidad interior con alguien con quien esté ligado emocionalmente. Como dice el proverbio, "mi debilidad crece con cada aliado que se adhiere a mi bandera".

Con respecto a la fórmula cuatro, ciertamente pueden compararse notas sobre el progreso, pero se requiere gran cuidado si los dos principiantes intentan por primera vez juntos la proyección de la conciencia. El interés en el logro es mutuo. Aún si se mantiene en silencio, el cuerpo físico de uno de los participantes llamará la atención continua del otro. Al mismo tiempo, si están separados pero practican a la misma hora, el primero en lograrlo probablemente va a estar tentado a hacer una visita astral prematura al otro; prematura, porque como hemos dicho, el primer logro no es la ocasión ideal para aventurarse fuera del área de proyección, y también, porque tal visita puede perturbar las posibilidades de éxito del compañero. Se aconseja la moderación.

Cada participante deberá, por lo tanto, tratar de buscar la destreza independientemente. Con la experiencia las visitas se vuelven naturales, y puede ser muy útil para el otro compañero, como ya se ha indicado.

Cuando ambos son diestros, entonces uno puede "llamar" al otro, o un acuerdo puede hacerse para encontrarse, astralmente, en un lugar determinado.

Tales arreglos son efectivos. Viajar conjuntamente no es sólo muy placentero, provee también una verificación adicional de la realidad de las experiencias compartidas.

Sexo astral

¡Extasis supremo! Con extrañeza, mucha gente al hablar del "sexo astral", se refieren al tipo de actividad sexual lograda cuando uno de los compañeros está afuera en un vehículo astral, mientras el otro permanece en su cuerpo físico. Hablemos al respecto.

Si uno de los participantes (la mujer) permanece en el cuerpo físico –y en este caso tenemos que decir que ella tiene la ventana– podrá avanzar en un vehículo astral (casi físico) y ser tan hermosa y seductora como lo desee. Ella puede buscar a su compañero escogido, no importa que barrera terrenal los divida, y puede pasar horas de júbilo sin cansarse en su compañía. Al tomar de él más sustancia astral, y él fácilmente la cederá, ella puede durante este tiempo, llevar su vehículo astral aún más cerca de la materialización.

Muchos hombres lejos de sus esposas o amantes, han experimentado esta clase de visita, y, sin saber lo que está pasando, se han maravillado de la intensa vividez de sus "sueños".

Sin embargo, el hombre está en una clara desventaja cuando intenta hacer una visita similarmente amorosa. El puede crear su propio vehículo astral –y muchos hombres, especialmente en tiempo de guerra, lo han logrado espontáneamente aún si nunca antes han viajado astralmente–. El hombre puede transferir su conciencia a si mismo y puede viajar a la proximidad física de su amada. Hasta un cierto punto, también puede abrazarla y puede deleitarse en su presencia física.

Lo que él no puede lograr en estas circunstancias es el orgasmo. La cantidad de sustancia astral que necesitaría para alcanzar el orgasmo con su compañera físicamente presente es más de lo que él puede tener en todo su vehículo astral, y el resultado de hacer el intento crea –instantáneamente– un regreso repentino a su propio cuerpo físico. No hay forma de invertir esto: Si él intentara sacar sustancia astral por el hilo, la gran cantidad exigida causaría una acción inversa, de modo que esto en sí lo regresaría repentinamente en un instante.

Muchas mujeres han experimentado encuentros sexuales con entidades astrales; pero en ningún caso, si se encuentra en su cuerpo físico, puede ser su compañero humano encarnado astralmente materializado. Al menos no puede haber sido si el orgasmo tuvo lugar de parte de él, lo cual es otra condición que podría no ser clara para ella si su propia experiencia fue intensa.

Si ella estaba en ese momento fuera de su cuerpo físico, entonces el encuentro completo se vuelve muy factible y, por supuesto se vuelve un asunto bastante diferente. Ella puede negar que pudo haber sido una "experiencia astral", sólo porque poca gente tiene alguna idea del intenso éxtasis creado por dicha experiencia.

Cuando ambos compañeros son diestros en la experiencia astral, y proyectan el placer sexual a ese nivel, el resultado está más allá de lo esperado terrenalmente. En ese instante el cuerpo físico que puede ser lento en responder, y el intelecto que puede levantar sus propias barreras, dan paso a la naturaleza emocional e instintiva encargada en su totalidad de la formación del vehículo astral; la mente racional se interpondrá sólo para añadir algo de más refinamiento de felicidad. Todos saben como el mundo natural está realzado de color, frescura y florecimiento en la estación de apareamiento, aún así será añadido una nueva brillantez incandescente, encanto y vibrante sensibilidad por la naturaleza misma de las formas astrales.

Cuando ambos compañeros se proyectan en su reunión astral, podrán ver alegría y deseo reflejado en cada uno, no sólo en sus vehículos astrales sino en la cambiante y hermosa aura de colores vívidos que los rodean.

Esto es solo el primer paso. Los amantes podrán permanecer en ese punto realizando su sexo astral, similar en lo posible a la experiencia terrenal. Quizás lleguen a descubrir algo más. Observe los "elementos astrales" a su alrededor y aunque no existe el sexo entre estos seres, será una forma de aprendizaje y deleite ilimitado.

Compartir exploraciones en los reinos astrales trae recompensas que pocos pueden disfrutar dentro de las fronteras de la sola existencia física –viajes ilimitados, aventuras e ideas profundas–. En cuanto a su vida sexual, la variedad como la comprensión traerán un gran enriquecimiento en su relación física.

Desde un principio, la plasticidad de respuesta de la forma astral a cada estímulo emocional, aclarará todas esas dudas y malas interpretaciones oscuras que tan a menudo se deslizan dentro de la relación física como resultado de alguna inhabilidad o inhibición por parte de uno de los compañeros, previniendo la expresión total del amor y pasión que pueda sentirse.

Esto es particularmente cierto con algunas frustraciones e inhibiciones que existen en el hombre cuando siente que su rol sexual niega toda expresión del lado femenino o receptivo de su naturaleza; o el de una mujer cuando su papel niega alguna expresión a sus propios impulsos positivos y dominantes. Todas estas inhibiciones pueden ser representadas en el mundo astral, ya sea con un intercambio de roles o un intercambio de formas.

Además de todas estas posibilidades de placer, hay otro beneficio muy grande que llegará gradualmente para aquellas parejas que progresan imitando la unión terrenal a la "fusión" que hace posible la forma astral. El juego del amor que es fácilmente alcanzado en la vida astral, lo liberará de hábitos arraigados y negativos provenientes del pensamiento Occidental.

No puede negarse que el sexo en lugar de ser la respuesta a la ansiedad, las presiones del deber y lo convencional, aún entre los más dedicados amantes, frecuentemente es la única vía a una red de otras inquietudes, preocupaciones, ideas falsas de obligación y de convenios por satisfacer. Una de las peores presiones es la idea sobre la cantidad de energía dedicada al rito sexual. Especialmente existe la idea de la obligación del orgasmo. Esta inquietud es tal que, si por ejemplo, alguien en la pareja se siente cansado para garantizar el orgasmo final, ellos evitarán la intimidad total.

Tal actitud está basada en ideas sin sentido. Las experiencias recordadas del sexo astral ayudarán inmensurablemente. La pareja no necesitará continua seguridad personal cuando se refiere a la respuesta emocional mutua. La emancipación de fatigas nerviosas y tensiones hará más fácil encontrar el éxito y placer donde anteriormente temían fallar.

La confianza mutua, la comprensión y la alegría de la pareja harán del sexo astral algo más cercano a la atmósfera espiritual, llamada así por los cultos orientales de TANTRA y de TAO. Es también un hecho que las recomendaciones hechas en este libro con respecto a la dieta balanceada y al ejercicio físico, con la vitalización repetida de los centros de actividad en el uso de la fórmula uno, habrán acercado a la pareja al estilo de vida ideal.

Lo anterior no afirma la experiencia astral "típicamente oriental". Por el contrario afirma que es una forma de retorno de los patrones modernos sobre–racionalizados y artificiales, a algo universal, ideal y humano.

El presente capítulo de ningún modo agota las posibilidades de actividad en el mundo astral. Para aquellos más experimentados hay mucho que podría añadirse. Sin embargo, este libro es escrito para los que inician la experiencia extra corporal. Usted lo logrará si sigue los pasos completos y en secuencia, con cuidado y paciencia. Algunas personas, por supuesto, toman más tiempo que otras para despojarse de sentimientos de incredulidad y barreras similares.

Cuando ha logrado destreza en el viaje astral y puede moverse libremente en su vehículo tanto en el nivel terrenal como a un nivel superior. No olvide continuar la práctica de las otras fórmulas en este libro; ¡especialmente la fórmula uno! Siga su régimen de salud y continúe así creciendo en experiencia y felicidad.

REPASO FINAL

Ahora usted puede dejar su cuerpo exitosamente:

—Empiece con viajes astrales cortos a "nivel terrenal". Luego viaje más lejos.

—Descubra formas en las cuales su vehículo astral tiene mayores facultades de sentidos que su cuerpo terrenal; especialmente con respecto a cualquier incapacidad física.

—Descubra como controlar su vehículo astral y regular la cantidad de sustancia astral según sus propósitos.

—Llegue a conocer el "mundo de los elementos".

—Aprenda a "mirar detrás de lo que verdaderamente ocurre" cambiando niveles.

—Esté listo a "ayudar a los asistentes" si es requerido.

—Viaje con un compañero y compare notas –¡es mucho más divertido!–.

—¡El sexo astral es maravilloso!

—Amplíe su comprensión, reflexionando, sobre sus aventuras y leyendo.

—Trabaje a través de este libro, luego siga las prácticas –¡Especialmente la formula uno! esté listo para más experiencia– solo se ha dicho un poco en este libro acerca de los "mundos ocultos" que usted puede alcanzar.

NOTAS

GLOSARIO

Alma: Término popular corriente para la psiquis o para alguna parte de ella.

Centros de actividad: Centros de energía del cuerpo astral, que corresponde a los centros neurales y glandulares en el cuerpo físico.

Circulación de la luz: Acción de cierre esencial de la fórmula uno, cuando la energía es recirculada a través de todo el organismo.

Diario de sueños: Registro especial de sueños llevados con propósitos de análisis o para examinar las respuestas de las psiquis de un programa interior.

Espíritu: La parte más alta de la psiquis, usualmente definido en la teología mística como "el punto fino del alma".

Experiencia extracorporal: Un término generalmente sinónimo de "Proyección Astral" pero algunas veces preferido; simplemente describe el efecto sin hacer ninguna suposición en cuanto a la causa.

Mundos: Los cuatro mundos abarcan los cuatro niveles que son concebidos por el Qabalah; el mundo divino/espiritual, el mental, el astral, el universo material. Todos están representados en la naturaleza humana.

Nephesh: Término cabalístico para los niveles emocionales e instintivos colectivamente de la psiquis: El "alma no racional".

Neshamah: Término cabalístico para el Yo superior.

Noemasoma: El cuerpo mental. Algunas veces llamado la funda mental porque su sustancia es mucho más fina que la del cuerpo astral.

Observador: Un cuerpo de sustancia astral, no empleado como vehículo para la mente consciente sino emitida para recoger impresiones a nivel material.

Postura: Cualquier posición física definida; compare el término yoga "asana".

Psiquis: La parte no material de un ser psicofísico.

Qabalah: Una venerable tradición de sabiduría que ha sido formulada principalmente en regiones mediterráneas: El hebreo y el griego son sus lenguas principales.

Regreso repentino: Retorno involuntario o repentino de conciencia del vehículo astral al cuerpo físico, a menudo con un desagradable sentido de susto.

Respiración rítmica: Un método de respiración continua controlada según un ritmo predeterminado.

Ruach: Término cabalístico para la conciencia racional: Esa parte de la psiquis humana que deberá dirigir el Nephesh y deberá ser receptivo al Neshamah.

Sangrado astral: Desarrollando sus capacidades astrales, podrá mejorar el uso de las correspondientes facultades en el cuerpo físico —la vista, el oído, etc.–.

Simulacro: Réplica fantasmal. Una réplica del operador, formado de sustancia astral exteriorizada.

Vehículo astral: "Cuerpo" formando de sustancia astral a través de la cual la conciencia puede funcionar separadamente del cuerpo físico.

Yo inferior: El alma y el cuerpo físico juntos: Los niveles racionales, emocionales, instintivos, de inconsciencia inferior y material de la naturaleza humana.

Yo superior: Esa parte de la psiquis que es más elevada que la mente racional. El inconsciente superior, el espíritu.

Migene González-Wippler

LA MAGIA DE LAS PIEDRAS Y LOS CRISTALES

Aprenda sobre las diferencias entre piedras y cristales y como pueden usarse para transformar la vida humana.

5³/₁₆" x 8¹/₄" • 160 pág.

1-56718-331-X

ENCUENTRE SU PAZ INTERIOR

EL ENEMIGO O ÍNTIMO

GUY FINLEY
CON ELLEN DICKSTEIN, PH.D.

Guy Finley

Ellen Dickstein, Ph.D

EL ENEMIGO ÍNTIMO

Encuentre su paz interior.
Descubrir su verdadera
personalidad le dará la
capacidad de entender los
conflictos humanos y ser testigo
de un mundo superior.

5³/₁₆" x 8¹/₄" • 256 pág.

1-56718-279-8

Scott Cunningham

INCIENSOS, ACEITES e INFUSIONES

Descubra el poder en las hierbas. Este libro tiene todas las fórmulas para despertar el poder de la magia.

5 $\frac{3}{16}$" x 8 $\frac{1}{4}$" • 302 pág.

1-56718-279-8

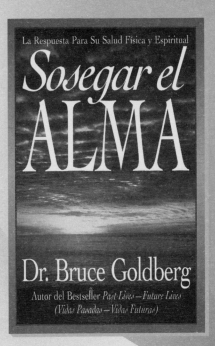

MANTENGASE EN CONTACTO...
¡Llewellyn publica cientos de libros
de sus temas favoritos!

En las páginas anteriores ha encontrado algunos de los libros disponibles en temas relacionados. En su librería local podrá hallar todos estos títulos y muchos más. Lo invitamos a que nos visite a través del Internet.

www.llewellynespanol.com

Ordenes por Teléfono	✔ Mencione este número al hacer su pedido: **K-202-X**
	✔ Llame gratis en los Estados Unidos y Canadá, al Tel. 1-800-THE-MOON. En Minnesota, al (612) 291-1970
	✔ Aceptamos tarjetas de crédito: VISA, MasterCard, y American Express.

Correo & Transporte	✔ $4 por ordenes menores a $15.00
	✔ $5 por ordenes mayores a $15.00
	✔ No se cobra por ordenes mayores a $100.00

En **U.S.A.** los envíos se hacen a través de UPS. No se hacen envíos a Oficinas Postáles. Ordenes enviadas a **Alaska, Hawai, Canadá, México y Puerto Rico** se harán en correo de 1ª clase. **Ordenes Internacionales:** Correo aéreo, agregue el precio igual de c/libro al total del valor ordenado, más $5.00 por cada artículo diferente a libros (audiotapes, etc.). Terrestre, Agregue $1.00 por artículo.

4-6 semanas para la entrega de cualquier artículo. Tarífas de correo pueden cambiar.

Rebajas	✔ 20% de descuento a grupos de estudio. Deberá ordenar por lo menos cinco copias del mismo libro para obtener el descuento.

Catálogo Gratis

Ordene una copia de *Llewellyn Español* con información detallada de todos los libros en español actualmente en circulación y por publicarse. Se la enviaremos a vuelta de correo.